JN438716

들꽃 향기에 취해

들꽃 향기에 취해

김창임 수필집

신아출판사

중학교 시절 집안 청소를 하다가 오빠들이 즐겨 읽던 셰익스피어의 책들을 접할 기회가 있었다. 그래서 오빠에게 빌려 아주 재미있게 읽었던 기억이 아직도 생생하다. 또 그 뒤에는 김찬삼 교수의 세계 여행기를 읽는 재미에 푹 빠지기도 했다. 하지만 교직에 몸을 담으면서 단편소설 전집을 사놓고도 학습지도에 관련된 책들을 읽어야만 했다.

그리고 결혼을 한 뒤에는 유머에 관련된 내용, 요리하는 방법, 육아와 건강에 대한 책이나 성서를 읽는 게 먼저였다. 주로 생활에 밀접한 책을 읽다 보니 문학관련 서적을 접하는 데는 몰입할 수 없었다.

그 뒤 나이가 들어 조금 여유를 갖게 되면서 ≪채식주의자≫와 ≪어린 왕자≫를 읽었다. 퇴직한 뒤에는 도서관에 들락거리며 스티븐 호킹 박사의 ≪호두껍질 속의 우주≫를 읽어 보았으나 그 책은 전문서적이라서 이해하기가 어려웠다.

그러던 차 모임을 함께하는 변명옥, 호성희 선생님의 권유로 신아문예대학에 들어가 난생처음 수필을 접하게 되었다. 하지만 타고난 재능이 부족하고 독서량이 적은 탓으로 노력은 하지만 발전이 없는 것 같아 한동안 글쓰기를 접을까 고민도 해보았다.

그래도 한번 시작하면 꾸준히 하는 성격이라서 시간만 나면 글을 쓰고 있다. 그런 가운데 남편이 나더러 우리도 책을 한번 만들어 보자고 했다. 나는 깜짝 놀랐다. 그냥 부족한 대로 한번 내보는 것도 오히려 자기 발전에 도움이 될 것 같단다. 그래서 마음을 고쳐먹고 부끄럽지만 시도해 보기로 했다.

그동안 남편과 수필 공부를 시작하여 함께 등단하고 또 수필이라 하기엔 부족하지만 글을 쓸 수 있어서 참으로 행복했다. 그리고 나도 수필집을 낼 수 있다고 생각하니 가슴이 벅차오른다. 이렇게 수필집을 낼 수 있도록 이끌어 주고 도움을 주신 김학 교수님과 서정환 이사장님 그리고 이희석 선생님께 감사드린다. 덧붙여 변명옥, 호성희 선생님을 비롯한 금요반 문우님들과 정읍 수필 문학회 회원들에게도 감사의 마음을 전하고 싶다. 특히 정원정 회장님의 진심 어린 격려가 없었다면 감히 여기까지 펜을 들 수조차 없었을 것이다.

끝으로 사랑하는 우리 둘째 오빠의 성원과 더불어 큰시누이와 며느리의 응원이 있어서 오늘이 있지 않았나 생각된다. 우리 아들들 광우, 광욱, 경재와 귀한 손녀 나윤이가 있어서 너무 든든하고 행복하다.

끝으로 고인이 되시어 지금은 하늘나라에 계시는 부모님과 큰오빠께 이 책을 바치고 싶다.

2019. 4. 20.

정읍 초산동 금계서재에서 김창임

차례

제1부 너는 알 거야

제2부

내 사랑 귀염둥이 손녀, 나윤이

제3부

설렘 반, 걱정 반

제4부

여류시인 매창을 생각하며

第5부

지렁이의 울음소리

제6부

동산 위의 하얀 집

第7부

입암 향우회와 함께한 추억

1부

너는 알 거야

동네 한 바퀴/ 충성/ 꽃동산의 친구들/ 내 몸에 딱 맞는 복숭아/ 너는 알 거야/ 누나/ 들꽃 향기에 취해/ 백만 불짜리 주스/ 참새와의 전쟁/ 좀 더 여유로운 마음으로

동네 한 바퀴

다 같이 돌자 동네 한 바퀴, 아침 일찍 일어나 동네 한 바퀴
우리 보고 나팔꽃 인사합니다. 우리도 인사하며 동네 한 바퀴

〈동네 한 바퀴〉란 동요가 귓전을 맴돈다. 미사를 드리러 성당에 가려는 순간, 광주 남동생에게서 우리 부부랑 점심을 같이하자고 전화가 왔다. 장성 홍길동 테마파크 옆에 있는 곳간 밥상으로 가 큰올케, 작은올케 내외랑 기쁜 마음으로 식사를 나누었다. 근처에는 동생이 퇴직한 뒤에 살 집터가 있다. 그곳을 구경한 뒤, 고향인 신평마을로 발길을 돌려 동네를 한 바퀴 휙 돌아보았다.

우리 동네는 큰올케가 고향을 지키고 계시어 그리 낯설지가 않다. 2년 전, 큰올케가 집을 새로 지어 옛날 내가 살던 집은 이젠 과거 속으로 사라져 버렸다. 도로 옆 사랑채와 문간방, 그리고 외양간이나 변소는 없어졌다. 사랑채는 이 서방네가 살았고, 외양간에는 우리 농사를 책임지던 큰일꾼인 소가 하루 내내 땀 흘리고 편히 앉아 쉬던 곳이었는데 조금 아쉽다.

밤에 우리가 놀고 있으면 이 서방 부인은 방에 군불을 지피며 시래기를 만들려고 솥에 무청을 가득 넣고 삶았다. 그러면서 그 위에 손가락같이 가느다란 고구마를 삶아 우리 방에 한 양푼 갖다 주면 얼마나 맛있게 먹었던지 그때가 삼삼하다.

길가로 나가 주위를 살펴보니 예전과는 많이도 달라졌다. 도로변 가로수는 아까시가 편백나무로 바뀌었고, 자주 내가 걸레를 빨던 도랑은 하수구로 잘 정비되어 있다. 그 도랑물은 예나 지금이나 도로 건너 들판을 가로질러 영산강의 상류인 황룡강으로 흘러든다. 빨래터 위로 비닐 터널을 해놓아 무더운 날이나 비가 오는 날에도 편안히 빨래를 할 수 있을 것 같다. 내가 어렸던 그 시절에도 지금과 같이 좋은 환경이었더라면 얼마나 좋았을까. 그 당시는 지나다니는 행인들도 많았고 자동차가 비포장도로를 지나가면 어찌나 먼지가 뿌옇게 일어나곤 하던지 참으로 힘이 들었다.

마을 앞 벌판에 우리가 다니던 사랫길은 없어지고 바둑판처럼 경지 정리가 잘되어 있어서 자전거나 경운기가 다니기 아주 편리할 것 같다. 봄이 되면 나는 친구 광순이랑 논둑에서 쑥, 쑥부쟁이, 자운영을 캐곤 했었다. 광순이는 쑥을 캐더라도 양은 적지만 꼼꼼하게 캤고, 나는 거칠지만 많은 양을 캐 우리 둘째 고모로부터 아주 많이 캤다며 칭찬을 받곤 했었다.

또 동네에서 3km가량 떨어진 냇가에 가서 다슬기를 잡고, 붕어나 쏘가리도 잡았다. 한 번은 쏘가리를 잡다가 손에 상처를 입어 혼쭐이 나기도 했다. 때론 남자애들이 잡아주기도 했다.

냇가 바로 옆에는 집이 한 채가 있었는데, 정읍 아저씨가 살고 계셨다. 내 아저씨뻘 되는 그분은 조선 시대 장영실처럼 무엇이든 새로운 것을 만드는 재주가 있었다. 당시 그분은 냇물을 이용해 전기를 일으켜 장성군에서 읍내를 제외하고는 처음으로 전깃불을 쓸 수 있었다. 호롱불을 켜지 않아도 방이 훤하니 너무 좋았다. 호롱불 밑에서 공부하다 졸면서 이마 쪽의 머리를 태워 가위로 타다 남은 머리카락을 자르고 학교에 간 적이 있었다. 전기가 들어온 뒤부터 머리 태울 일이 없어서 좋았다. 그분은 돌아가시고 지금은 그 집에 무당이 살고 있어 세월의 무상함이 느껴졌다.

그 시절, 우리 동네에서 면 소재지로 가는 언덕 위 교회 옆집에 살던 L 씨는 젊은 아내가 발을 헛디뎌서 농수로에 빠졌다. 그는 물에 빠져 허우적거리며 떠내려가는 아내를 구하려고 한없이 따라가다 너무 지쳐버렸단다. 그러다 정신을 차리고 자기라도 살아야겠다는 생각으로 되돌아와 목 놓아 울더라는 슬픈 이야기를 들었던 기억이 엊그제만 같다. 그 뒤, 그분은 어떻게 되었는지 궁금하다.

우리 동네 최고 부자인 동암 아저씨네는 그 시절에 이층 양옥집에서 사셨다. 그래서 나는 집 구경을 하러 간 적이 있었다. 방이 여러 개가 있고, 방마다 깔끔하게 잘 꾸며져 있어서 참 보기가 좋았다. 서재에는 책이 많이 쌓여 있고 수돗물이 나오며, 과일나무도 많았는데 밤을 따면 여러 포대를 딴다고 해 얼마나 부러웠는지 모른다. 가정부가 둘이나 되었고 논도 만여 평을 짓는 큰 부자였다. 또 그 시절 자가용이 있었고 아들은 물론 딸도 서울과 광주에 나가 학교에 다녔다. 그 당시

잘산다는 선진국 사람들 못지않게 살고 있었다. 지금은 동암 아저씨 내외분도 돌아가시고 그렇게 좋던 집도 지킬 사람이 없어서 다른 사람에게 팔았다고 한다.

우리 동네는 농사를 짓는데 물 걱정은 하지 않을 만큼 수량이 풍부했다. 하지만, 집에 우물을 파면 수질이 나빠 집마다 물을 길어다 먹어야 했다. 특히 여름에는 '선자샘'이 시원하고 좋아 멀리 동네 끝자락까지 가서 물을 길어다 마셨다. 보통 때는 조금 가까이에 있는 도동 아주머니 댁의 물을 자주 이용했다. 그 집 우물가에는 앵두나무가 한 그루 있었는데 주렁주렁 열린 빨간 앵두를 따 먹고 싶은 유혹을 참아내느라고 아주 혼이 났었다. 지금은 선자샘만 남아 있는데, 수질이 좋아 동네 여러 집에서 끌어다가 사용하고 있다고 한다.

숙부님 말씀에 따르면 우리 동네가 들어서기 전 이곳은 큰 연못이 있었다고 하셨다. 그래서인지 비만 오면 집마다 흙탕물로 고생을 하였다. 우리 집도 여름철에는 습해서 어머니께서는 산후통으로 평생을 고생하며 사셨다.

어린 시절 우리 집에는 과일나무가 없었다. 추석 무렵, 밤이 무척 먹고 싶어 아침 일찍 일어나 노영이네 집 옆 밤나무 밑으로 달려가 보면, 누가 벌써 주워갔는지 보이는 것이라곤 빈 송이뿐이었다. 그때 알밤 하나도 주울 수 없으니 얼마나 안타깝고 허망했었는지 모른다.

그 이웃 절골 아주머니는 아들 하나 두고 젊은 나이에 과부가 되셨다. 그 아들 준수 오빠는 머리가 좋아 재수 끝에 서울대에 들어갔다. 그 오빠는 살림이 넉넉하지 못해서인지 나들이를 할 적에는 한쪽에는 여자들이 신었던 검정 코빼기신, 다른 쪽 신발은 흰색 코빼기신을 신고 다니며 용모에는 신경을 쓰지 않고 오직 학업에만 몰두하던 기억이 난다. 그렇게 노력한 결과 마침내 카이스트 교수로 재직하다가 퇴임했다고 한다.

우리 동네에서 한옥으로 제일 크게 지어진 집이 해남 댁네 집이었는데, 그 형님은 광주에 나가서 살기 때문에 지금은 그 좋은 집에 낯모르는 사람이 들어와서 살고 있었다. 내가 아는 분 중에 고향을 지키는 이는 우리 큰올케, 하청 아주머니, 판중이 아저씨, 모암 댁 등 몇 집 되지 않고 타지에서 들어와 사는 분들이 많았다.

세월이 아주 많이 흘러 가버린 것 같다. 읍내를 나갈 때면 이용하던 나룻배는 오간 데 없고, 지금은 황룡강 위를 가로지르는 크고 듬직한 다리가 우뚝 서 있다. 중 · 고등학교 시절 나는 아무리 비가 많이 오는 날도 위험을 무릅쓰고 나룻배를 타고 학교에 다녔었다. 강 옆 뙈기밭에 고구마 밭이 있었는데, 배가 고파 고구마를 캐 먹고 싶었지만 차마 그러질 못했다. 항상 오가던 대제 마을 앞에 주막집도 이젠 사라져 버려 흔적조차 볼 수가 없다.

어린 시절 친구들과 어쩌다 모정을 찾으면 소나무에 올라가서 장수풍뎅이도 잡고 청소도 하곤 했었다. 아직도 모정이 꿋꿋이 그 자리를 지키고 있어서 반가웠다. 한여름 무더위가 기승을 부리는 대낮에는 남자들이 더위도 피하고 피로를 풀려고 모정에서 낮잠을 자는 모습을 볼 수 있었다. 그럴 때 여자들은 그곳에 얼씬도 못했다. 여자는 집에서 더위를 쫓으며 쉬다가 더위가 수그러들면 밭에 나가 일을 하였다. 내가 살아온 지난날을 보아도 초로인생이 실감난다.

요사이는 모정보다 동네에 마을 회관이 지어져 그곳에서 동네사람들이 모여 윷놀이를 하고, 식사도 나누며 재미있게 지낸다고 하니 예전과는 매우 많이 달라진 것 같다. 동네를 한 바퀴 돌아보면서 내가 자라던 어린 시절의 동네 모습과는 아주 많이 변하고, 정다웠던 사람들을 만날 수가 없으니, 마치 다른 세상에라도 온 것 같은 느낌마저 들었다. 정겹던 옛 모습과 다정했던 이웃들이 너무 그립기만 하다.

(2019. 5. 13)

충성

남편이 "충성" 하면 나는 "쉬어" 하는 게 우리 집에서의 남편과 나의 인사다. 남편은 워낙 모임이 많아서 외출하려면 들어오고 나갈 때 내게 그런 식으로 인사를 하는 게 일상이 되어 버린 지 오래다. 한때 모임이 너무 많아서 메모장에 써 보았더니, 열일 곱 개나 되었다. 그래서인지 당신도 염치가 없는지 그런 식으로 인사를 하나 보다. 그런 데다 "군번" 하면 바르게 서서 거수경례하며 "8 7 6 5 4 3 2 1" 하고 큰소리로 대답한다. 느닷없이 "군번" 하면 그 모습을 보게 되는데 너무 재미가 있다. 그 순간 나는 소대장이라도 된 느낌이다.

어느 날이었다. 마치 명절날이어서 우리 가족이 모두 모이면 좋으련만 모두 모이기가 힘들고 두 아들만 집에 왔다. 할 수 없이 남편까지 셋이 모였다. 나는 남편 뒤에 아들 둘을 일렬종대로 세웠다. 그리고 "앞으로 갓!" 하면 다 같이 앞으로 가고, "뒤로 돌아 갓!" 하면 뒤로 돌아서 가고, "열중쉬어" 하면 쉬어 자세를 하여 소대장으로서 기강을 잡았다. 그러면 내 지시에 따라 절도 있게 움직이는 모습이 얼마나 재미가 있는지 모른다. 거기다가 제자리 걸으면서 군가 〈진짜 사나이〉

까지 불렀다.

"사나이로 태어나서 할 일도 많다만~~ 너와 나 나라 지키는 영광에 살았다~~."

이 글을 쓰고 있는데 남편은

"당신은 군대도 가지도 않았는데 왜 군대 이야기를 쓰나요?"

라고 말한다. 그래서

"나는 비록 군대에 못 갔지만, 아들을 셋이나 군대에 보냈어요."

라고 말했더니

"나는 당신하고 말하면 본전도 못 찾겠네요."

하고 말하며 피식 웃었다.

남편의 이야기로는 군대에서는 귀잠을 자다가도 중대장이 느닷없이 "집합" 하며 비상을 걸면 장병들은 순식간에 집합해야만 한다고 했다. 만일 늦으면 심한 기합을 받는다고 했다.

부산 화학 학교에서 교육을 받던 어느 날, 한 병사가 행동을 잘못했단다. 그러자 부 사관이 소대원 전부를 집합시키더니, 구둣발로 배를 차 창사가 너시는 것 같은 아픔도 겪었단다.

훈련소에 들어가 집에서 가져온 돈을 모두 빼앗아 가버리면 안 되기에 그 돈을 어떻게 하면 빼앗기지 않을까 고민하다가 좋은 생각이 떠올랐단다. '아! 땅속에 묻어두자. 그러면 모를 거야.' 하고서 누군가 보지 않는 틈을 타서 땅속에 묻어둔 뒤에 가끔 꺼내다가 먹고 싶은 빵을 사 먹곤 하였단다. 그렇게 해도 시간이 조금 지나면 배가 고프더란다.

그래서인지 군 복무 시절의 사진을 보면 살이 토실토실 많이 쪄 있다. 그 뒤 제대하고 직장생활을 하면서 살이 빠져 정상으로 오더니, 몸은 아주 정상인데 주름이 많이 생겼단다. 군대에 있을 때 몸 관리를 했더라면 지금은 주름이 별로 없을 텐데, 그 주름이 남편을 신경 쓰이게 만든다. 얼굴에 팔자 주름이 없었더라면 남편의 나이가 10년 정도 더 젊게 보일 수도 있었을 것이다.

나에게 "충성"이라고 매일 외쳤으니, 남편은 내게 충성을 다해야 할 것이다. 청소를 부탁하면 청소를 다 해주고, 세탁을 부탁하면 세탁을 깨끗이 해주어야 하며, 운동하려면 같이 가서 운동을 할 때 문제가 생기지 않게 도와주어야 할 것이다.

남편은 강원도 화천에서 육군으로 3년 동안 군 복무를 했다. 우리 큰아들은 경기도 평택에 있는 팽성읍 진료소에서 3년을 복무하고, 둘째 아들은 포천에 있는 부대에 들어가서 2년 정도 복무를 했다. 막내 아들은 경남 사천에서 공군 취사병으로 3년 가까이 복무를 했다. 막내는 군인들의 그 많은 음식을 해주느라 발에 무좀이 생길 정도로 고생을 했다기에 처음에 무척 짠했는데, 나중에 군기가 빠져 다시 내가 잔소리를 하게 되었다. 공군은 복무기간이 길기는 해도 휴가를 한 달에 한 번 정도 나왔다. 너무 자주 나오는 것 같았다. 그래서 면회 갈 필요가 없어서 가지 않았다.

그러나 우리 둘째는 의무학교에 있을 때 면회를 하러 간 적이 있다. 사전에 무엇을 가져가느냐고 주위 사람들에게 물어보니 초코파이, 빵, 통닭 그리고 피자를 가져가면 좋아한다기에 그것을 넉넉히 사고 음료수도 샀다. 남편과 함께 부대를 찾아가 둘째를 만나게 되니 매우 반가웠고 아들도 아주 좋아하는 것 같았다. 우리 셋이서 공주에 있는 갑사에 가서 산책하며 즐거운 시간을 보냈다. 그렇지만 길지 않은 고빗사위 시간이어서 바로 헤어져야 하니 마음이 어두워져 가고 아들은 아들대로 서운해 하였다. 아쉽지만 어쩔 수 없었다. 아쉬운 이별을 하려고 하는데 나무숲에 있던 귀여운 새가 밝은 소리로

'아줌마! 이제 걱정하지 않아도 되니 안심하고 가세요.'

하고 웃으며 재잘거리는 것만 같았다.

군대는 외롭고 두려운 곳이 아니고 신체 건강한 사람이 씩씩하게 훈련을 받고, 나라를 지켜 '우리를 마음 놓고 살 수 있게 만들어주는 너무나도 중요한 일을 하는 곳'이라고 한다. 그 말이 맞는다. '남자는 군대를 다녀와야 한 단계 성숙해지고, 여자는 아기를 낳아 길러보아야 비로소 의젓해진다.'는 말을 어느 누구에게 들은 기억이 있다. 특히 우리 아들들은 집에서 북적거리면서 살았기 때문에 군 복무를 잘하고 전역을 했다는 게 매우 자랑스럽다. 그런데 아들을 군에 보낸 뒤, 나를 가장 가슴 아프게 했던 것은 '아들이 입었던 옷과 신발'이 집에 돌아왔을 때였다. 그때는 어찌나 마음이 허전하고 짠하던지 지금도 그 당시가 잊히지 않는다. 그 뒤 들어보니 다른 어머니들도 나처럼 그랬다고 한다.

우리 집처럼 아들을 모두 군대에 보내 국방의 의무만 충실히 수행하고 돌아와도 국가에 충성을 다했다는 생각이 든다.

(2019. 4. 10.)

꽃동산의 친구들

하루에도 몇 번이고 우리를 반갑게 맞아주는 자그마한 꽃동산! 이런 동산이 우리 집 거실 한편에 자리하고 있다. 직사각형 모양의 동산에는 멋진 꽃들이 피어나고 그 한가운데로 졸졸졸 작은 폭포에서 물이 솟아 흐른다. 이 동산은 2년 전 내가 시내 꽃집에 부탁하여 방안의 습도도 조절하고, 음이온이 나오게 하여 건강에도 좋고, 보기도 아름답게 하려고 꾸며놓은 것이다. 약간의 소음이 염려되지만 스위치로 조절할 수 있어서 문제가 되지는 않는다.

남편은 주로 내 생일이나 축하할 기념일이면 화분을 사왔다. 내가 화분을 좋아하는 것을 알고 가끔 화분을 선물하여 모은 것들이다. '당신의 모든 것을 사랑한다.'라는 푯말과 함께 보내온 것들을 모으다 보니, 그 수가 제법 된다. 화분을 받으면 무어라 말할 수 없이 감사하다. 나는 그 푯말을 떼어 버리지 않고 서랍 안에 곱게 보관해두었다가 가끔 꺼내 그 글귀를 음미하며 혼자서 웃음 짓곤 한다. 여성들은 장미꽃 한 송이에도 감동하고, 또 남편의 칭찬 한마디에도 즐거워한다. 남자들보다 더 감성적이어서 그런가 보다.

어쩌다 우리 집을 찾는 사람들은 꽃들이 사이좋게 모여 웃음 짓는 꽃동산을 바라보며 어김없이 부러워하는 표정을 짓는다. 그래서 나는 평소에도 꽃동산 주변을 더 관심을 가지고 관리한다. 그곳은 남향이라서 겨우내 햇볕을 많이 받아 그런지 봄이 되기가 무섭게 이 꽃 저 꽃들이 앞을 다투어 피어난다. 꽃이 피어날 때는 물이 많이 필요하겠다 싶어 아무리 바빠도 화초들이 목마르지 않도록 물을 흠뻑 주고 난 뒤에 다른 일을 시작한다. 그러면 꽃들은

'아줌마 매우 고마워요.'

라고 말하며 애교를 떤다.

많은 화초들 가운데에서도 가장 아름다운 꽃을 피워내는 꽃나무는 내가 평소에 존경하는 교우님이 선물한 것이다. 나뭇가지를 꺾어다가 물병에 담근 다음에 2주 정도 있으면 뿌리가 나오고, 그리고 뿌리가 자라자 화분에 심어 물을 넉넉히 주었더니 나무가 잘 자랐다. 그런 뒤 2년 동안 정성을 다해 기르니, 나무에서 분홍빛 꽃이 아름답게 피어났다. 이 꽃은 언젠가 오스트리아를 여행하면서 보았던 꽃과도 같았다. 너무노 예뻐서 핸느폰에나 서장해 두고 늘 감상하고 있는데 이름은 협죽도라고 한다. 그런데 아름다우면 그런 것인지 그 꽃나무는 독이 많다고 하니 조심해야겠다.

다음은 란타나다. 그 꽃은 옛날 시부모님이 물려주신 확독에 심어져 있는데 꽃이 피면 그 꽃 속이 보석처럼 반짝거린다 하여 남편은 그 이름을 보석꽃이라고 이름 지었다. 내가 보아도 꼭 보석처럼 반짝인다.

산세베리아는 한 달에 한 번 정도 물 한 컵 정도를 주는데 방 안의 해로운 물질들을 빨아들여 방안의 공기를 정화시켜준다. 사랑초는 죽은 줄 알고 버려두었는데도 다시 제 모습을 드러내고 있다. 그 꽃은 이 집 여주인처럼 생명력이 아주 강한 꽃이다. 사랑초는 잎의 빛깔이 보랏빛을 띠고 있어서 다른 여러 화분과 어우러져 조화를 이룬다.

아주 오랜만에 선인장이 귀엽고 깜찍하게 연분홍빛의 조그마한 꽃을 피워내는가 싶더니 이내 시들어버린다. 재빨리 사진에 담아 놓았기에 망정이지 하마터면 그 귀여운 모습을 놓칠 뻔했다. 아마도 또 다른 세상에 나보다도 더 많은 사랑을 주는 친구들이 있나 보다. 선인장 바로 옆에는 꽃은 피우지 못하지만 진한 향기를 뿜어내는 로즈메리가 있어 거실에 들어오는 우리들의 기분을 상큼하게 해준다. 일일초는 언제나 우리에게 꽃을 선물해 줄 수 있을까! 바깥세상을 보고 싶지만 아직은 꾹 참고 있는지도 모르겠다. 나는 꽃동산을 더 아름답게 꾸미기 위하여 쌀뜨물과 계란 삶은 물도 아낌없이 주고, 잎에 내린 먼지도 조심스럽게 닦아주곤 한다.

어느 날 우리 부부는 저 꽃동산 때문에 약간의 말다툼을 한 적이 있었다. 보통 때는 잘 관리하다가도 내가 피곤할 때는 남편에게

"화분에 물도 주지 않은 채 어떻게 밥을 먹느냐?"

라고 짜증을 부렸다. 재직 시절에도 나는 한 손에는 칫솔을 들고 이를 닦으면서까지도 화분 밑 부분까지 물을 충분하게 주곤 하였다. 그러나 남편은 화분에 전혀 관심을 두지 않다가 내가 잔소리를 할 때만 겨우 물을 주었다. 그나마 물을 주어도 물의 양이 너무 적어서 윗부분만

겨우 적시게 주었다. 아마 학창 시절 실과 시간에 집중하지 못하고 졸면서 시간만 보내었나 싶다. 제발 뿌리 부분까지 적시도록 물을 충분하게 준다면 얼마나 좋을까!

온 세상 만물이 잠이 들어 꿈속을 날고 있는 이 순간, 우리 집 꽃동산 친구들과 나만이 깨어 있다. 동산 위의 어여쁜 친구들이 나를 바라보며 아줌마가 이 밤에 잠은 자지 않고 도대체 무엇을 하고 있는지 계속 주시하고 있었나 보다. 그러다가 내게

'아줌마, 글은 그만 쓰고 우리랑 재미있게 이야기하면서 놀아요.'

하고 말을 걸어온다.

꽃동산을 소재로 글을 쓰고 있는데, 꽃들이 나를 유심히 바라보는 것만 같아 조금 부끄러운 마음이 든다. 아직도 약간의 수줍음을 지닌 소녀의 감성이 남아 있었나 보다. 꽃동산의 꽃들을 들여다보면 빛깔이 다르고, 줄기가 다르고, 향이 다르고, 이파리가 다르다. 나는 때론 사람과 대화를 하다 보면 마음이 불편해질 때도 있지만, 이들을 바라보면 사랑이 샘솟고 맑은 기운이 돋아난다. 저토록 귀여운 꽃동산 친구들이 없다면 우리 집안은 얼마나 삭막할까? 아마도 무척이나 밋밋하고 어두워 보일 것만 같다. 요즘 남편도 예전과는 달리 꽃동산에 많은 애정과 관심을 쏟고 있다. 이에 꽃동산 친구들도 아주 고마워하는 눈치다.

꽃동산 친구들은 일 년에 한 번씩 어김없이 우리에게 자비로운 미소를 선사한다. 저마다 그윽한 향기를 선사하기 위해 이곳에서의 답답함을 불평하지 않고 견뎌냈을 것을 생각하면 미안한 마음 그지없다. 내

가 언제 저 꽃처럼 이웃에게 희생하는 아름다운 모습으로 살아왔던가. 생각해보면 얼굴이 붉어진다.

"꽃동산에 있는 사랑스러운 내 친구들아! 앞으로도 어려움 이겨내며 무럭무럭 자라서 우리 집안 분위기를 지금처럼 산뜻하고 밝게 해주렴. 고마워!"

(2017. 7. 8.)

내 몸에 딱 맞는 복숭아

여름철 과일 하면 복숭아가 제일 먼저 떠오른다. 왜냐면 복숭아를 먹으면 맛도 좋은 편이지만, 먹고 난 뒤에 장이 편안해지고 또 깨끗해지는 느낌이다. 아침에 복숭아를 넉넉하게 먹게 되면 밥을 먹지 않아도 든든하다. 왜 그런지 알아보니, 복숭아는 성질이 따뜻하고 칼로리가 높은 과일이기 때문이라고 한다. 복숭아를 즐겨먹은 뒤에 배변을 하면 장 속의 여러 가지 불순물을 모두 밖으로 내보내 아주 시원한 느낌이 든다. 그리고 뱃속이 허전하지가 않고 든든해 참으로 좋다.

그전에는 가끔 뱃속이 어쩐지 허전해서 하다못해 꿀이라도 한 숟갈을 먹고 싶은 생각이 들어 그때마다 꿀물을 마시곤 하였다. 그런 사실을 아는 주위 친척들이 나에게 자주 꿀을 보내주었다. 하지만 요즘은 복숭아를 먹어서 그런지 그렇게 즐겨 먹던 꿀이 집에 있지만 별로 먹고 싶은 생각이 나질 않는다.

복숭아는 꿀처럼 그렇게 달지 않아서 좋은 것 같다. 나는 지난여름에 복숭아를 많이 먹었다. 복숭아는 딱딱한 것 그리고 말랑말랑한 것이 있고, 백도, 홍도, 황도 등 여러 종류가 있다. 그리고 먹게 되면 속을 따뜻하게 해준다는 '온도가 1000도나 된다는 천도복숭아'도 있다.

천도복숭아는 마트에서 사다가 후숙을 시킨 다음 먹어야 더 좋은 맛을 즐길 수 있다. 천도복숭아는 죽은 사람도 잠깐 살아나게 했다는 옛이야기까지 전해온다. 그 속에 아스파르트산이라는 성분이 있어서 간 기능 회복에 좋은 과일이며, 특히 니코틴 해독에도 효능이 있어 애연가들에게 아주 좋은 과일이라고 한다. 피부가 좋아지길 원하는 사람이 많이 먹으면 피부가 아주 좋아진단다. 나는 복숭아 중에서도 황도 복숭아를 제일 좋아한다. 노란 속살이 너무나도 먹음직스러워 보여 나는 복숭아 마니아가 되어 버렸다.

언젠가 복숭아를 먹고 있는데 복숭아에서 벌레가 한 마리 나와 깜짝 놀란 적이 있다. 그랬더니, 남편이 그 벌레를 먹게 되면 건강에 아주 좋다고 하였다. 나는 아무리 건강에 좋다고 해도 어떻게 벌레를 먹는지 이해가 되지 않았다. 남편의 말에 따르면, 그래서 옛날 사람들은 일부러 어두운 곳에서 복숭아를 섭취했단다. 또 복숭아는 귀신을 쫓는다고 해서 제사상에는 그 과일을 올려놓지 않는다고 한다. 그런지도 모르고 20년 전에 나는 제사상을 차리려고 시장을 보았는데 복숭아를 한 상자나 샀던 기억이 난다. 그런 나를 보고 다른 사람들이 뭐라 했을까? 지금 생각하면 쓴웃음이 나온다.

나는 복숭아를 그렇게 즐겨 먹는데 남편은 별로 좋아하지 않는다. 그 이유를 물었더니 수박만큼 달지 않아 그런다고 했다. 오늘 복숭아 과수원에서 마지막 수확을 했다며 한 상자를 넉넉하게 갖다 놓으니 마음이 든든하다. 지난해, 겨울철에 먹으려고 한 상자 정도를 건조기로 말렸다가 먹었더니 맛도 좋고 영양가도 높은 것 같아 참으로 좋았다.

복숭아도 다른 과일처럼 껍질에 영양가가 많이 있다고 해서 식초와 베이킹소다를 넣은 물에 30분 정도 담가 농약이나 불순물을 제거한 뒤에 먹으니 아주 좋은 것 같았다. 처음에는 껍질까지 먹기엔 식감이 좋지 않았는데 요즘에는 습관을 들이니 오히려 더 좋다.

내가 어렸을 때 우리 마을 앞 벌판을 가로질러 가면 냇가 옆에 집 한 채가 있었다. 그분 댁 호가 정읍 댁이었는데, 복숭아 과수원을 하고 있었다. 어머니께서 보리를 몇 되 주고 복숭아를 사 주시면 나는 얼마나 맛있게 먹었는지 모른다. 정읍 댁은 우리가 찾아가면 맛이나 보라며 그냥 복숭아를 몇 개씩 따 주곤 하였다. 어찌나 고맙던지 그때를 잊을 수가 없다. 지금도 친정에 갈 때면 그곳을 바라보며 어린 시절을 되돌아보곤 한다. 이제는 그분들도 다 고인이 되시고 그 집에는 무당이 들어와 산다고 한다.

내가 아는 지인 한 분은 복숭아만 먹으면 알레르기가 생겨 복숭아를 멀리한단다. 사람마다 체질도 각각 다른 것 같다. 똑같은 음식을 먹어도 어떤 사람은 건강에 도움을 주는데 어떤 사람은 피해를 보는 경우가 있다. 살면서 자신의 체질을 잘 파악하여 자기에게 알맞은 음식을 가려 먹는 지혜가 필요한 것 같다. 아무리 생각해보아도 나에게는 복숭아가 딱 맞는 과일임이 틀림없는 것 같다.

(2016. 8. 8.)

너는 알 거야

내가 좋아하는 꽃 가운데 하나는 논둑이나 제방 같은 곳에서 볼 수 있는 진분홍빛의 패랭이꽃이다. 그런데 나는 얼마 전에 우리 집 근처에서 나를 닮은 꽃을 발견했다. 그 뒤로 패랭이꽃보다 더 좋아하게 되었다. 그 꽃은 바로 회양목이 피워내는 꽃이다.

2월 어느 날, 우리 아파트에서 막 들어가려고 하는데 어디선가 달콤한 꿀 내음이 내 코 안으로 밀려 들어왔다. 어디에서 왔나 주위를 살펴보니 그 진원지는 바로 화단 울타리에 자리한 회양목淮陽木에 흩뿌려진 듯 피어난 꽃이었다. 그 꿀 내음을 찾아서 어디서 그렇게 몰려왔는지 이미 많은 벌이 윙윙거리며 회양목 꽃 주위를 맴돌고 있지 않은가!

기나긴 겨울과 꽃샘추위를 이겨내고 활기를 찾은 벌들에게, 달콤한 꿀을 선사하는 회양목의 연녹색 꽃들로부터 벌들은 신이 나서 꿀을 모으느라 이리저리 바쁘게 움직였다. 회양목은 느린 자람으로 황양액윤黃楊厄閏* 이라는 속설이 있다. 그리고 공원이나 아파트 주변의 잘 정

* 황양액윤黃楊厄閏 : 일 년에 한 치씩 더디게 자라다가 윤년을 만나면 오히려 세 치가 줄어든다는 속설에서 나온 말로, 일의 진행 속도가 늦음을 빗대는 말로 쓰이기도 한다.

돈된 꽃밭을 품어주는 회양목은 세월의 흐름에 순응하는 모습이 언제나 단아해 보인다.

벌들은 원래 부지런하고 정직해서 밀원을 발견하면 혼자서 꿀을 차지하지 않고 자기 동료에게 날갯짓으로 밀원이 있음을 알린다고 한다. 어린 시절 우리는 맛있는 것을 혼자 남몰래 먹기도 했었는데, 그런 것을 생각하면 벌들에게 배울 점이 많고 어쩐지 부끄럽다는 생각마저 든다. 요사이는 농약 오염으로 벌들이 수난을 당하여 개체 수가 많이 줄어 여간해서 눈에 띄지 않는데 이곳에서 많은 벌들을 볼 수 있다니 매우 기분이 좋다.

회양목 꽃은 연녹색의 자그마하고 수수해 보이는 꽃으로 2월이 다 할 무렵에 피며 크기도 아담하고 앙증맞게 생긴 꽃임을 이제야 알게 되었다. 아직 날씨가 추워서인지 모든 식물이 잠에 취해 있을 무렵 벌들에게 밀원을 제공하고 있으니 얼마나 고마운 꽃인가! 나는 한동안 향긋한 꿀 내음에 취해 집에 들어가는 것조차도 잊고서 그 자리에 멈추어 서 있었다.

회양목 꽃이 나와 비슷한 데가 있다는 생각이 들어 왠지 더욱 정이 들었다. 보통 사람들은 아마 회양목 꽃이 너무 작아서 보지 못하고 지나치기가 쉽다. 매화 말고는 밀원이 없는 2월을 벌들이 어떻게 지낼까 걱정이 되었는데 회양목 꽃이 있어서 참으로 다행이란 생각이 들었다. 만일 이런 꽃이 없다면 벌들도 살아가기가 참으로 힘들 텐데 말이다.

어느 날이었다. 우리 아파트 근처 정원에서 걸으며 회양목을 바라보니 꽃이 피는 시기가 아니라서 꽃은 보이지 않지만 잎에 윤기가 반짝이는 모습이 함초롬하다. 지난밤 마사지라도 정성스럽게 받고 푹 쉬었나 보다. 잎은 작은데 둥그렇고 서로 마주 보고 있는 모습이 다정스레 보인다.

회양목은 목질이 단단하여 조선시대에는 신분을 나타내는 호패를 만들 수 있도록 아주 귀하게 쓰였다고 한다. 우리 아파트 정원은 화단이 오밀조밀하게 꾸며져 있어서, 오붓하고 산뜻하다. 꽃이 우아한 식물일수록 잎도 더 화사한 것 같다. 이곳 정원을 바라보니, 온 누리의 기운이 내 몸 안으로 스며드는 것만 같아 강한 자신감마저 느껴진다.

운동기구 옆에 있는 회양목은 개구쟁이들의 놀이터가 되어, 그들에게 시달려서 그런지 애면글면하며 가지가 끊기기도 하고, 잎이 남아 있지 않은 나무가 더러 있다. 그렇지만 생명력이 강해 억척스럽게 버티고 서 있다. 어쩌면 나처럼 어려움을 잘 이겨내고 있는 것 같아 동병상련의 정이 느껴진다.

"회양목아! 아파서 얼마나 고생했니? 누구보다 나는 네 상황을 잘 안단다. 내가 도와줄까?"

라고 말했더니 회양목이 나를 바라보고 고개를 끄덕이면서 자그마한 목소리로 도움을 청하는 듯 보인다.

'오늘은 시간을 내어 너를 위로해 주고, 나도 네게 위로받고 싶어서 이곳에 왔단다.'

그렇게 속으로 중얼거렸더니 회양목이,

'아줌마! 정말 고마워요. 나도 아줌마가 있어서 너무 든든해요.'

라고 내게 말하는 것처럼 보였다.

'우리 앞으로 어려운 일이 있으면 서로를 위로하며 지내자.'

라고 회양목에 내 깊은 속마음을 전하고 싶다. 아마 이곳 회양목도 지금보다 더 잘 관리를 해주었더라면 더 많은 꽃을 피우고 벌과 나비에게 달콤한 꿀을 더 많이 선물해 주었을 것이다. 그러면서 '내가 회양목을 도와주는 방법은 없을까!' 하고 곰곰 생각해 보았다.

그 뒤, 나는 가끔씩 이곳에 와 개구쟁이 아이들이 회양목을 괴롭히지 않도록 잘 타일렀다.

"애들아! 여기 있는 귀여운 회양목을 많이 아껴주고 가끔 사랑해주면 어떻겠니?"

라고 아이들에게 다정하게 부탁했다. 그랬더니, 아이들은

'네, 아줌마! 꼭 그렇게 할게요.'

라고 웃으며 대답을 했지만 내 마음은 아심아심했다. 그러고 난 뒤에 회양목을 바라보니, 아침 햇살을 흠뻑 받으며 생기 있게 밝은 모습으로 웃음 짓는다. 그제야 나는 조금 안심이 되었다. 오늘 보니 아이들이 착해서 말도 잘 듣는 것 같았다.

다음 날 아침 일어나자마자 회양목이 어떻게 되었을까 궁금하여 곧바로 밖에 나가 살펴보았다. 다행히도 내가 관심을 두어 그런지 회양목은 나를 보더니만 밝고 환하게 웃음 짓는다. 회양목 전체의 모습이 일매지다. 나는 회양목을 사랑스러운 눈빛으로 바라보며

"회양목아! 이제는 이곳 아이들도 너를 예뻐해 줄 거야."

라고 말하였더니 회양목도

'아줌마! 정말 고마워요.'

라고 말하며 반가운 모습으로 웃는 것 같았다.

올 2월은 여느 해와 달리 봄의 전령이 바삐 이곳을 지나 북녘으로 발걸음을 재촉하는 듯하다. 하루가 다르게 따뜻한 기운이 대지를 뒤덮는다. 회양목 꽃이 꿀벌들에게 주는 달콤한 꿀 송이처럼 우리가 하찮게 보아 넘겨버리기 쉬운 것들 가운데 자세히 살펴보면, 우리가 생각했던 것 이상으로 소중한 것을 품고 있는 것들이 세상에는 적지 않은 것 같다. 그러므로 우리는 눈에 띄는 것만 보고서 가볍게 사람이나 사물을 평가해서는 안 된다. 보이지 않는 것 중에도 더 값어치 있는 것들이 있을 수 있다는 것을 결코 잊어서는 안 될 것이다. 이를 명심하고 나도 모든 일을 신중하게 처리하는 삶을 살리라.

(2017. 4. 5.)

누나

목소리가 성우처럼 매력적인 남자가 일어나자마자,

"오늘은 '복 받게 사신 장인 장모님'이란 글을 쓰려고 하오. 창임 누나한테 잘 보이려면 그 글을 꼭 쓸 것이오." 했다.

나는 진즉부터 남편에게 나를 '누나'라고 불러야 한다고 말해 왔다. 남편은 그런 내게 너무 어처구니없는 말이라면서 말대꾸조차 하지 않았다. 그러던 남편이 마침내 오늘 2019년 5월 7일 11시 35분쯤, 내게

"누나!"

라고 부른 것이다. 그야말로 역사적인 순간이 아닐 수 없다. 녹음해 두어야 하는데 미처 예상치 못한 일이라 준비를 하지 못해 어쩔 수가 없었다. 생물학적 나이는 분명 그이가 나보다 272일 약 9개월 먼저 태어났다. 하지만 남편은 너무 철이 늦게 들어서 아예 동생 취급을 해버리면 마음이 편했다.

30여 년 전 어느 날, 남편에게 붕어 손질 좀 해 달라고 한 적이 있었다. 남편은 그 일은 못 한다고 딱 잡아떼었다. 할 수 없이 내가 손질을 해야만 했다. 어린 시절 우리 집에서는 붕어 손질은 우리 아버지 몫이

었다.

그 뒤 어느 날, 남편은 장롱 서랍을 열면서 조금 빡빡하여 열기가 힘들다고 신경질을 내더니, 이사할 적에 그 비싼 장롱을 북면에 사는 어떤 분에게 주어 버렸다. 잘 안 열리면 초를 발라서 쓰면 되는데 참으로 기가 막혔다.

"여보, 그까짓 일에 그렇게 화를 낼라치면 앞으로 닥치는 여러 가지 고통과 환난을 어떻게 이겨내렵니까?"

그렇게 말해도 소용이 없다. 그리고 그 장롱은 내가 결혼할 때 사 온 것이기 때문에 아내에 대한 예의가 아니라고 생각되었다. 내 성격은 물건을 살 때는 조금 질이 좋은 것을 사서 오래도록 쓰는 편이다. 그 뒤, 새로 장롱을 사려고 하니 수백만 원이 순식간에 낭비가 되어버렸다.

그 돈을 벌려고 갓난아이를 떼어놓고 가슴 아픈 마음으로 출근하고, 그리고 아이가 아플 때는 집에 갈 수가 없어서 마음이 불안했고, 거의 한 달 동안 퇴근한 뒤에 애를 업고 광주까지 가서 백일해를 치료해야 했고, 아침밥은 먹는 둥 마는 둥 하며 출근하느라 고생했었다.

어느 날, 애들과 목욕하러 가는 날인데 자기 혼자 살짝 나가버렸다. 별수 없이 나는 사내아이 셋을 데리고 다른 여자들 눈치를 봐가면서 목욕하려니, 그날은 너무 지쳐버려 내 몸은 씻는 둥 마는 둥 하며 집으로 돌아와야 했다.

또 어느 날은 제사상을 차려놓고 막 음식을 먹으려는 순간, 자기가 좋아하는 김치찌개가 없다며 그걸 기어이 해달라고 했다.

"소고기뭇국을 그냥 먹고 낮에 해 놓을 테니 그렇게 생각하세요." 라고 말해도 몸에 배인 조동 버릇이 좀처럼 없어지지 않는다. 이를 보던 생生 시어머니는 나에게 미안하다며 안절부절못하셨다. 그래서 가족 모두 여러 가지 맛있는 음식을 앞에다 놔두고 먹지 못하고 있는데 김치찌개를 대충 끓여서 주니 그리도 잘 먹는다. 나는 지금까지 제사상에 김치찌개를 놓는 경우는 본 적이 없다.

그리고 제삿날이나 명절날은 바빠서 정신이 없는 날인데도 동서는 이미 세상을 등져 버렸고, 시누이는 많으나 한 시누이는 교회에 다닌다며 아예 오지도 않고, 둘째 시누이는 오빠가 말을 함부로 했다고 오지 않으며 셋째 시누이는 아파서 오지 못하고 있다. 큰시누이는 직장일 문제로 늦게 올 수밖에 없다. 그러나 큰딸이라서 오자마자 주방으로 와 나를 도와주려고 정신이 없다. 서울에서 오느라 피로도 풀리지 않았을 텐데 고맙고 미안했다.

남편은 남의 어르신들이 시내버스 정류소에서 버스를 기다리고 있으면 그분들을 이평면, 북면, 소성면까지 태워다 드리는 일에 열중했나. 집안에서는 병든 양養시어머님과 개구쟁이 아들들 셋이 있을 뿐, 나에게 도움이 되는 사람은 아무도 없었다. 그래서 '저렇게 철이 안 들어서야 내가 어떻게 편하게 살 수 있을까?'라고 생각하던 남편이 조금씩 조금씩 철이 들어가더니, 요즘은 백팔십 도로 바뀌었다. 그러더니 남편이 나에게 '누나'라고 부르지 않는가.

(2019. 5. 1.)

들꽃 향기에 취해

여느 때와 달리 오늘은 새벽 미사를 드린 다음, 천변을 따라 우리 집까지 싸목싸목 걸어보기로 했다. 비가 내린 뒤라서 냇물이 맑아 물속을 들여다보니 물고기들이 먹이를 구하려고 떼를 지어 올라오고 있다. 냇가 가장자리에는 봄에 그토록 아름답게 피었던 꽃창포들이 이제는 할일을 다했다는 듯 줄기만 남아 어딘가 모르게 허전하게 보인다. 바로 그 위로는 온 힘을 다해 생명력을 키워내고 있는 갈대와 줄의 모습이 활기차다.

한참을 걷다가 둑 위쪽을 바라보니, 강아지 꼬리를 닮았다는 강아지풀과 쑥부쟁이, 왕고들빼기와 꽃모양과 색이 아기 똥과 같이 노랗게 생긴 아기똥풀이 눈에 띈다. 아기똥풀은 꽃이 한창인데 꽃 모양은 빼어나지 않고 수수해 보인다.

얼마쯤 더 걸어가니, 풀숲에서 메꽃이 귀여운 모습으로 나를 반가이 맞아준다. 이슬이 맺혀 있는 연분홍 꽃잎이 실바람에 흔들리니 더욱더 청아해 보이기까지 한다. '충성'이란 꽃말을 지닌 여러 개의 꽃술과 분홍빛 꽃잎으로 이루어진 여러 송이의 메꽃들이 어우러져 있는 모습을 보면서 마음이 든든해짐은 어인 일일까? 아마도 장군을 위해 자신의 임무를 다하다가 죽어간 그 연락병의 충성스러운 마음이 내 마음을 사로잡아서인지도 모를 일이다.

바람이 살랑 불어와 새벽 옅은 안개를 거두고 있다. 주위에 피어 있는 들꽃들은 대부분 그 빛깔이 은은해 시골 아가씨들처럼 수수하게 보인다. 아마도 진하고 산뜻하면 사람들이 꺾어갈지도 몰라 그런 것일까? 이곳에 오면 훈훈한 바람에 실려 오는 들꽃 향기를 마음껏 들이마실 수 있어서 참 좋다.

한참 길을 걷고 있는데, 요사이 보기 드문 노랑나비 한 쌍이 내 앞을 훨훨 날아가고 있다. 그들은 아마 서로 사랑하는 연인 사이인지도 모르겠다.

"노랑나비야! 예쁜 아기를 많이 낳으렴, 이곳에는 나비가 너무 귀하단다."

라고 다정하게 말해본다. 노랑나비는 부끄러운 듯 이내 어디론가 사라져버렸다.

또, 잠깐 걸어가니 까만 물새 두 마리가 꼬리를 살랑거리며 지저귀고 있다. 그중 한 마리는 하얀 꼬리 깃털 하나가 유난히도 돋보인다. 다리 밑에는 비둘기 몇 마리가 구 구 구 구 노래하면서 자기 집에 들어가고 있다. 아마 친구들과 재미있는 이야기를 나누다가 나를 발견하고서 집으로 들어가는 모양이다. 푸른 잔디와 색색의 들꽃이 피어나는 이곳에서 나도 저 새들처럼 시름없이 떠들며 어울려 놀 수 있다면 얼마나 좋으랴?

내가 어렸을 때 친구들과 팔찌를 만들어 손목에 끼우고 놀았던 클로버가 눈에 띈다. 네 잎 클로버를 찾아보지만 하나도 찾을 수가 없다. 그래서 별수 없이 세 잎 클로버만 몇 개 뽑았다. 나폴레옹이 전쟁터에서 네잎 클로버를 발견하자 매우 신기하게 생각하여 허리를 굽히는 순간 적의 총탄이 그의 등 뒤에 날아왔는데 허리를 굽힌 덕분에 목숨을 건질 수 있었다고 한다. 그래서 그 뒤부터 네 잎 클로버가 행운을 가져다주는 식물로 전해지고 있다. 행운을 가져다 준다는 그런 믿음을 가지고 빌고 노력하면 우리의 소원은 이루어질 것이다. 정직하고 성실하게 살면서 최선을 다하면 행운이 뒤따를 것이라 믿는다.

그러나 세 잎 클로버는 행운보다 더 좋은 행복을 가져다 준다고 한다. 알고 보면 행운은 잠깐이지만, 행복은 오랫동안 우리와 함께할 수 있으므로 행복을 위하여 노력하는 것이 더 좋을 것 같다는 생각이 든다.

조금 더 걸으니 눈앞에 노란 꽃이 보인다. 민들레다. 민들레는 봄부터 눈이 내리는 추운 겨울까지 핀다. 활짝 피어 있는 모습이 매우 산뜻하다. 민들레는 꽃으로 피어나 세상 구경을 하다가 자기 종족을 퍼트리기 위해 사정없이 꽃대를 위로 밀어 올린다. 그리고 한참 시간이 흐른 뒤에, 그들은 하얀 솜사탕 같은 씨앗 송이로 꽃대 위에 알알이 맺힌다. 그러다 어느 가을날, 그 송이들로부터 신비한 생명을 품은 씨앗들이 세찬 바람에 흩날려 이리저리 날아가 여기저기에 사뿐히 내려앉는다. 그 씨앗은 해가 바뀌고 때가 되면 싹을 틔우고, 뿌리를 내려, 온 땅이 노란 민들레 세상으로 바뀐다. 여기도 민들레 저기도 민들레다.

시원한 바람이 불어와 이 들꽃이 머무는 곳에 들러 잠시 쉬어간다. 언덕 위에는 패랭이꽃이 아름답게 피어 있다. 패랭이꽃은 있는 듯 없는 듯 짙은 향을 토해낸다. 내 마음이 저 패랭이꽃에 담겨있음을 그 누가 알랴?

들꽃의 향기에 취해 걷다 보니 어느새 집 앞이다. 이른 아침 맑은 시냇물 소리 들으며 새들이 날고 여러 생명체가 속삭이는 천변을, 살랑거리는 바람 맞으며 걸을 수 있어서 매우 좋았다. 자주 이곳에 들러 수많은 생명들과 얘기하고 호흡하며 행복한 시간을 갖고 싶다.

(2016. 4. 23.)

백만 불짜리 주스

이른 아침, 믹서기 돌리는 소리에 잠에서 깨어난다. 주방으로 나오니 남편이

"요사이 잠을 잘 자니 참 예쁘네!"

라고 웃으며 말한다. 오래 살고 볼 일이다. 이 나이에 잠을 잘 잔다고 예쁘다니! 젊은 사람들이 들으면 팔푼이처럼 들릴 것이다.

그나마 요사이 잠을 조금 잘 자게 된 것은, 내가 기억력이 너무 심하게 나빠져 지인에게 물어보니 정읍 고려병원에서 진료를 잘한다고 하기에 바로 그곳에 다니게 되면서부터다. 2박 3일간 입원하여 여러 가지 검사를 받았다. 그런 뒤 뇌가 영양이 부족하면 그런 증상이 생긴다며 그에 대한 처방을 해주어, 그 약을 먹은 뒤부터 마음이 편안해지고 잠이 더 잘 오는 것 같다. 기억력은 그렇게 쉽게 회복되지 않고 더 나빠지지만 않기를 바란다. 내가 가장 두려워하는 치매 예방도 된다고 하니 꾸준히 치료를 받아야겠다.

남편은 일찍 일어나 아침기도를 하고 운동을 한 다음 기쁜 마음으로 주방으로 향한다. 오렌지 두 개를 겉껍질만 벗기고, 사과 반쪽, 홍삼

1t 스푼, 블루베리 10여 개, 생강 약간을 넣어 믹서로 돌려 주스를 만든다. 그런 뒤 노트북 앞에서 글을 쓰고 있는 나에게 한 잔 주고 남편은 남은 것을 한잔 가져와 컵을 부딪치며 '짠' 하고 마신다.

그것들은 냉한 체질인 내게 좋은 따뜻한 성질의 과일이요 약초다. 홍삼 농축액이 많아서 어떻게 할까 생각한 끝에 남편은 홍삼도 이용하겠다는 좋은 생각을 했단다. "홍삼과 달콤한 과일을 섞어서 마시니 맛도 좋고 건강에도 좋아서 이렇게 했다."며 자랑 삼아 이야기하기에 남편의 엉덩이를 토닥거려주었다. 살집이 보기 좋게 생긴 엉덩이를 내민(?) 남편이나 손으로 토닥거려주는 나나 둘 다 팔푼이다.

젊은 시절, 나는 직장에 다니면서도 3년 동안 하루도 빠뜨리지 않고 당근과 생강을 넣어 즙을 만들어 우리 가족들에게 주었다. 그러면 남편이나 애들이나 꿀꺽꿀꺽 참 잘도 마셨다. 당근 주스를 만들려면 시장에 가 큰애 세발자전거에 당근을 사 가득 싣고 와야 했다. 그 당시 우리는 승용차가 없어서 그렇게 해야만 수월했다.

그때는 남편이 직장에 푹 빠져 열심히 일하느라 건성으로 마셨지 이것을 어디서 샀는지, 그리고 어떻게 들고 와, 어떻게 만드는지 관심도 두지 않고 거저 주면 마시기만 했다. 그렇게 노력한 보람이 있어서인지 요즘 남편은 흔한 혈관성 질환도 없이 건강에는 아무 문제가 없으니 아주 좋다.

그런데 이제는 남편이 내게 오늘 아침처럼 만들어 주어 매일 한 컵씩 마시고 있다. 그래서 나는 남편이 내게 만들어 주는 그 주스가 아주 고맙고 건강에 큰 도움을 주므로 '백만 불짜리 주스'라고 부르며 감사의 마음을 전한다. 남편의 정성이 가득 담긴 백 만 불짜리 주스 한잔을 마시면 아주 기분이 상쾌해지고 식욕과 생기가 돈는 것 같아 매우 좋다.

남편의 사랑이 담긴 그 주스에서는 향긋한 냄새와 뭔가 모를 야릇한 냄새가 담겨 있는 것 같다. 그 냄새란 남자만 낼 수 있는 걸까? 여자는 아무리 요리를 잘하는 사람이라도 도저히 낼 수 없을 것 같다. 요즘 매일 아침 식사 전에 마시는 주스 한 잔이 나를 행복하고 웃음 짓게 한다. “여보! 고마워요.”

(2019. 6. 15.)

참새와의 전쟁

중 · 고등학교에 다니던 시절, 우리 집은 농사를 지었기에 해마다 추수할 무렵이면 마을 앞 벌판을 흐뭇한 마음으로 바라보곤 했었다. 벼가 누렇게 익어갈 무렵 마을 앞 벌판을 바라보면, 마치 누런 금 이불을 펼쳐놓은 것처럼 보여 부자라도 된 듯 마음이 포근했었다. 그런데 벼가 익어갈 무렵이면 우리보다 먼저 그 벼에 입맛을 들인 녀석들이 있었다. 바로 참새들이었다. 왜 그리도 많은지, 그놈들이 떼로 몰려와 사람 눈치를 살펴 가면서 벼이삭을 잽싸게 까먹어버리곤 하여, 걱정이 이만저만이 아니었다.

어느 날, 아버지께서는 학교에서 이제 막 돌아온 나에게 논에 가서 새를 쫓으라고 말씀하셨다. 나는 기다란 막대 하나와 단수숫대 몇 마디를 잘라서 보자기에 싸 가지고 가, 간식 삼아 씹어 먹으며 오후 내내 참새를 쫓았다. 얼마나 영악한지 참새들은 이쪽에서 쫓으면 저쪽으로 가서 까먹고, 저쪽에서 쫓으면 이쪽으로 와서 벼 이삭을 쪼았다.

'아가씨! 나는 배가 고파서 살기 위해 먹고 있으니, 우리를 조금만 너그럽게 봐주세요.'

하면서 기어이 자기들의 배를 채우려고 해 참새들이 얼마나 얄미웠는지 모른다.

"우리 아버지가 벼농사를 잘 지으려고 뙤약볕이나 궂은날도 마다하지 않고 정성 들여 가꾸어 놓았는데, 감히 네놈들이 먹다니 요놈들 가만두지 않겠다."
하고 나는 말하면서 참새 쫓기에 정성을 다했다. 아버지께서는 쭉정이가 되어있는 벼를 보고 얼마나 속이 상하셨을까?

요즘은 군데군데 반짝거리는 줄을 쳐놓아 참새가 벼이삭에 접근하는 것을 막아낸다거나, 또는 공포탄을 쏘아 참새를 쫓아버리는 방법으로 사람들이 지혜롭게 대처를 한다. 하지만 그 당시에는 그러질 못했다. 조금 더 생각해낸 것이 허수아비를 이용하는 것이었다.

가을걷이가 끝난 뒤에는 참새들은 먹이를 찾아 사람들이 사는 집안으로 찾아들었다. 이때를 놓치지 않고 우리는 참새 잡이에 나섰다. 마당에 먹이를 뿌려놓고 덫을 놓는다든가, 밤에 초가지붕에 사는 참새집을 공격하여 참새를 잡았다.

눈이 내려 온 세상을 천사들의 나라로 바꾸어 버린 어느 날이었다. 지붕에 쌓였던 눈이 조금씩 녹아 물방울이 똑똑 떨어지는 오후쯤, 가을철에 우리를 그토록 짜증나게 했던 참새 몇 마리가 마당에서 먹이를 찾아 무엇인가 쪼아 먹는 모습이 보였다. 아버지는 벽에다 풍년을 기원하려고 올게심니를 걸어 놓았다. 나를 그토록 괴롭혔던 저 참새를 기어이 잡아야지 하고서, 곳간에 들어가 널따란 판자와 가느다란 새끼줄을 구해왔다. 그런 뒤 참새가 주로 오는 곳에 나무판으로 덫을 설치해 놓은 다음 곡식을 뿌려놓고 기다렸다. 참새들이 찾아와 사람들 눈치를 살피면서 그 속에 들어가 먹이를 쪼아 먹었다. 그때를 놓치지 않고 새끼줄을 재빠르게 잡아당겼지만 한 마리도 잡을 수가 없었다. 여러 차례 시도를 해봤지만, 그때마다 헛일이었다. 제발 외눈박이 참새라도 한 마리 잡힌다면 얼마나 좋았을까!

우리 작은오빠는 친구들과 함께 참새를 잡았다. 낮에 참새 집을 미리 확인해 두었다가, 저녁에 초가지붕의 처마 밑 짚 속에서 자고 있던 참새를 끄집어냈다. 아무것도 모른 채 잠을 자고 있던 참새는 꼼짝없이 잡히고 말았다. 그것을 대꼬챙이에 끼워 숯불에 구워 먹었다. 남자들만 드나드는 사랑채 앞에 놓인 툇마루 옆이 제일 좋은지, 그곳에서 맛있게 먹으면서 정을 나누는 모습이 보기 좋았다.

오빠에게 나도 한 점 달라고 하면, 야속하게도

"참새고기는 여자가 먹는 게 아니야. 여자가 먹게 되면 그릇을 깬단다."

라고 하면서 주지 않았다. 그 당시만 해도 참새고기는 최고의 강정식품이었다. 나중에 남편에게 그 이야기를 했더니,

"참새고기가 워낙 작아 나누어 먹을 수가 없으니 그런 말을 했을 거야."

라고 말했다. 그 말을 듣고 생각을 해보니 남편도 참새를 잡아서, 여동생들은 주지 않고 혼자 욕심쟁이처럼 먹었던 모양이다. 지금이라도 참새고기를 먹어보고 싶어 인터넷을 검색해 보니, 아무 곳에서나 사기가 힘들며 길거리에 있는 포장마차 안에서 술안주로 판단다. 이다음에

라도 기회가 된다면 맛이라도 한번 꼭 보고 싶다. 도대체 얼마나 맛있고 작았으면 오빠들이 그랬을까?

(2018. 3. 21.)

좀 더 여유로운 마음으로

"어휴! 깜짝이야, 제발 서서히 갑시다."

"빨리 가서 할 일도 없잖아요?"

남편은 운전대를 잡으면 그 누구보다 침착하게 운전을 할 줄 알았다. 면허증을 따고 처음으로 운전을 하는데 본인의 연습이 부족한 줄을 모르고, 죄 없는 차에게 신경질을 심하게 내며 탓하는 것이었다. 조수석에 탄 나는 괜히 미안하고 두려운 마음에 어찌할 바를 몰랐다.

몇 년을 지내다 보니, 남편은 그런대로 자신감을 갖고 운전을 능숙하게 잘했다. 처음보다도 능숙하게 될 무렵이 위험하다고 하더니, 내가 대흥 초등학교에 근무하는 어느 날이었다. 남편은 승용차로 나를 학교까지 태워다주기로 했다. 과교리를 지나 입암 방면으로 버스 뒤를 따라가고 있었다.

철길 위 다리를 지나자 버스 뒤를 따라가면 좋으련만 어서 빨리만 가야겠다는 생각으로 남편은 앞지르기를 시도했다. 나는

"학교 수업에 조금도 늦지도 않고 또 늦어도 사고가 나면 안 된다."

고 해도 2차선 도로인데 기어이 앞지르기를 하였다. 내 예상대로

앞의 승용차와 버스 사이에 우리 차가 끼어 들어있으니 겁이 매우 났다. 버스 기사도 얼마나 당황했겠는가!

학교에 도착하니 교무실에는 아무도 출근 한 사람이 없었다. 조금 있다가 버스에 타고 온 동료 교사가 하는 말이

"그 차가 선생님의 차가 맞나요?"

하고 말하면서 하마터면 충돌 사고가 날 수 있었다며 가슴이 철렁했다고 하였다. 하느님의 도우심으로 사고를 면했지만 나는 생명이 10년은 감수했을 것 같았다.

세월이 많이 흐른 뒤 어느 날 우리는 시숙님 내외와 시동생 다섯 명이 익산 천만 송이 국화축제에 구경하러 갔다. 그날도 남편이 우리 일행을 태우고 운전을 했다. 거기다가 조수석에 탄 나와 뒷자리에 탄 친지들은 오랜만의 나들이라서 재미있는 이야기꽃을 피우느라 정신이 없다. 한참 동안 가고 있는데 앞차가 잘못했는지 아니면 우리 차가 잘못했는지 충돌하고 말았다. 나는 차에서 바로 나올 수 있지만, 남편은 많이 다쳐서 차에서 나오지를 못하고 숨을 쉬기가 힘이 든다고 한다. 나는 사랑스런 남편을 잃는 것이 아닌가! 하고 울먹거리면서 재빨리 119에 신고를 했다. 바로 구급차에 실려서 군산에 있는 의료원 응급실로 가서 우선 가슴 사진을 찍어보았다. 남편은 왼쪽 갈비뼈가 세 개가 금이 나 있고 나는 두 개가 금이 낫다고 한다. 다른 곳은 이상이 없다고 하니 천만다행이었다. 거기서 응급처치를 한 뒤 정읍 전라병원으로 옮겨서 십여 일 동안 입원하여 치료하고 집에서 통원 치료하여 거의 나았다. 신호등 위반으로 우리 차가 원인이 되어서 사고가 났으

니 우리가 보험회사와 연락하여 보험처리를 했다. 차는 범퍼가 고장이 나서 얼마 후 바로 새 차로 변신하기는 했다.

그 당시 일초만 서서히 갔더라도 사고가 나지 않을 수도 있는데…. 백번을 강조해도 괜찮은 말 차 조심, 차 조심, 또 차 조심이 아니겠는가?

뒤차를 의식하지 말고 서서히 가야지 누가 우리 목숨 지켜줄까?

우리는 죽어서 아무것도 모른다고 치자 남에게 얼마나 큰 피해를 주는가. 죄 없는 경찰관들은 사람이 죽었으니 쉬지도 못하고 사고에 대하여 조사를 할 것이고, 우리 자식들은 누가 돌보아줄까 생각만 해도 아찔하다. 특히 결혼하지 않은 두 아들은 어떻게 산단 말인가. 부모가 있어도 살아가기가 막막한 세상인데 눈앞이 캄캄할 것이다.

평소에 돈은 그렇게도 아끼면서 정작 하나밖에 없는 목숨은 귀하게 생각하지 않고 사는지 이해하기 어려웠다.

외출 시에는 미리 준비하지 않고 차분하게 놀고 있다가 갑자기 어서 가자고 서두르니 나는 항상 긴장하고 살아야 한다. 미리 준비를 완벽하게 해 놓고 약속시각보다 미리 가서 남을 기다려주고 싶은 심정인데, 남편은 미리 준비를 다 했다 하더라도 그 시각이 거의 다 되어서야 간다고만 하니 성당이나 모임에 가는 날이면 나를 애태우기 일쑤다. 때로는 하도 답답하여 "내가 먼저 갈 테니 당신은 천천히 오세요." 하면서 먼저 출발하는 시늉을 한다.

나는 과거 직업까지 들먹거리면서

"누가 수학 교사 아니랄까봐 그렇게 까지 시간을 맞추어 가야 합니까? 시간 깍쟁이 노릇 그만하고 지금 갑시다." 밖에서 전화로 재촉을 해보아도 '한번 타고난 성격은 고칠 수가 없다'고 하더니만 도저히 내 능력으로는 고치기가 힘들다.

아니나 다를까 성당이나 모임 장소에 가보면 대부분의 사람들이 일찍 와서 우리를 기다리는 것이다.

나는 카드 긁는 것을 싫어하여 용돈은 항상 넉넉하게 찾아서 꼭 쓸 일에만 쓴다. 남편은 갑자기 조문하려면 그 당시에 쓸 돈만 찾는다. 그러니 예상치 못한 급한 돈이 필요할 때는 없으면 나한테 달라고 한다. "주머닛돈이 쌈짓돈인데 왜 짝꿍한테 아쉬운 소리를 하나요?" 하면서 목에다 힘을 주어 보기도 한다.

어느 수필가가 "세상사 바람에 맡겨두면 두려울 것이 없다. 나를 태어나게 한 것도 바람이라면 내 목숨을 거둬가는 것도 바람이다."라고 말했듯이, 바람이 불면 부는 대로 물이 흘러가면 흘러가는 대로 맡기다보면 저절로 풀어지고 삭아지는 게 세상의 이치가 아니겠는가 싶다.

나는 시간과 돈만큼은 항상 여유를 가지고 사는 것을 원한다. 넉넉한 여유로움은 깊은 기쁨을 잉태해낸다. 나는 더 온전한 삶을 위하여 '조금 더 여유로운 마음'으로 살고 싶다.

(2019. 7. 19.)

2부

내 사랑 귀염둥이 손녀, 나윤이

꿈을 이루어 낸 큰아들/ 나를 사랑하고 아껴주시던 큰오빠/ 내 사랑 귀염둥이 손녀, 나윤이/ 다슬기에 대한 추억/ 설날에 대한 단상/ 속이 깊으셨던 우리 아버지/ 자랑스러운 내 남동생/ 하느님의 CCTV/ 자랑스러운 내 고향 축령산

꿈을 이루어 낸 큰아들

우리 큰아들의 꿈은 의사였지만, 그중에서도 한의사가 되는 것이 제일 좋을 것 같았다. 왜냐하면 아들은 침착한 성격이라서 적성에 맞을 것 같고, 한의사는 의사보다는 긴장을 적게 해도 될 것 같아서였다. 또 내가 항상 한의학에 관심이 많아서 공부하는 데 도움을 줄 수도 있겠다 싶었다. 그런데 큰아들이 입학시험을 보던 해에 〈허준〉이란 드라마 인기가 엄청났다. 그래서인지, 예년 같으면 합격할 수 있던 한의대 인기가 급상승해 아들은 아쉽게도 합격을 하지 못했다. 그래서 의대나 치대로 진로를 바꾸어야만 할 것 같았다. 치과의사는 손재주가 좋아야 한다는데 그러질 못해서 마음에 내키지 않은 모양이었다. 하지만 어쩔 수 없이 큰아들은 여러 날 동안 의대와 치대를 놓고 고민한 끝에 치대에 지원했다. 그런데 요즘은 오히려 치대가 더욱 인기가 좋은 학과로 바뀌어 전화위복이 되었다는 생각이 든다.

대학 과정과 군 복무를 마친 뒤 치과 페이닥터로 들어갔다. 어떤 문제가 있는지 아들은 한 곳에서 오래 근무를 하지 않고 자주 병원을 옮겼다. 나는 아무래도 아들이 스트레스를 많이 받는 것 같다는 생각

이 들어서

"누구나 자신의 꿈을 이루려면 한고비가 있기 마련이란다. 그 고비를 기어이 넘어서야만 훌륭한 치과 의사가 되는 거야."

하고 말하면서 다독여 주었다. 아들은 아들대로 황금 같은 주말을 이용하여 서울까지 가서 많은 경비를 지불해 가며 치과 세미나에 참여했다. 조금씩 자신감을 키워가는 것 같지만 아직은 배워야 할 것들이 많은 것 같았다.

그러던 중 며느리를 만나게 되었다. 결혼한 뒤 어느 날이었다. 유럽 여행을 간다기에 조금 이상하다고 생각했다. 그렇게 오랜 시간을 휴가를 낸다고 하니 조금 걱정이 되었다. 아니나 다를까 치과를 쉬고 있었다. 나중에 들은 이야기인데 '의사를 포기하고 검진의라도 해볼까?' 하는 생각까지 했더란다. 나에게는 얼마나 날벼락 같은 소리인지 모른다. 목표를 달성하지 못하고 포기하다니 이게 될 법이나 한가? 거기다 아들은 얼마나 힘들고 고통스러웠겠는가? 그때를 생각하면 지금도 엄마로서 가슴이 찢어지는 것만 같다.

결혼한 지 만 1년이 지나고 귀여운 손녀도 태어났다. 아빠가 된 것이다. 나는 손녀가 태어나니 아주 기쁘기도 했지만, 아들은 일자리가 없어 마음껏 기뻐하지도 못했다. 신혼이지 그리고 사랑스러운 아이도 태어났지, 인생의 황금기로서 아주 행복해야 할 순간인데도, 크나큰 걱정이 아들의 마음 한구석에 자리 잡고 있어서, 스트레스를 많이 받고 있는 것 같았다.

아들은 더욱더 좋은 의사가 되기로 결심하고 잠자는 시간까지 줄이며 끼니도 먹는 둥 마는 둥 차 안에서 김밥으로 때우면서, 여러 치과 세미나에 참여했다고 한다. 자존심이 많이 상하지만 사랑하는 아내와 귀여운 공주가 있으니, 젖 먹던 힘까지 내서 공부하고 혼신의 노력을 다했다. 그러더니만 지금은 당당하게 개업을 하고 이제 4년이 다 되어 간다. 부모로서 아무런 도움도 주지 못했는데도 스스로 개업하고 오늘에 이르다니, 의젓하기 짝이 없고 자랑스럽다. 재산이라고는 결혼할 때에 우리가 얻어준 전셋집이 고작인데 며칠 전 좋은 집까지 장만했다.

큰아들에게서 엊그제 전화가 왔다.

"제가 엄마의 강한 의지력을 닮아 기어이 꿈을 이룰 수 있었네요."
라고 말하며 웃었다. 참으로 흐뭇하고 감격스러웠다. 무엇이 잘 안 되면 조상 탓이라고 하더니만 이제라도 잘되어서 덕담까지 하다니 매우 고마웠다. 나는 이만큼 된 것이 그 누구보다도 우리 며느리 덕택이라고 생각한다. 생김새도 예쁘고 애교도 많은 아내가 있고, 세상에서 제일 귀여운 공주가 있으니, 아들이 더욱 최선을 다하지 않았나 생각한다.

지금도 나는 큰아들에게 가끔 이런 말을 한다.

"사람은 자연에 순응하고 질서를 지키며 산다면 가장 바람직할 것이다. 아주 사소한 일에 얽매이지 말고 가볍게 넘기는 자율을 갖는 자만이 아름답게 사는 법이란다."
라고 말하며, 또

"적은 돈이라도 자주 기부하고, 바쁜 가운데 감사하며, 볼링이나 탁구를 한 게임이라도 하면서 여유를 가지고 살도록 해라."

앞으로 큰아들 부부가 어려운 이웃을 위하여 기부하고 작은 일에도 감사하며, 나날을 즐겁게 살도록 노력한다면 그 얼마나 멋진 삶이 되겠는가!

(2016. 4. 28.)

나를 사랑하고 아껴주시던 큰오빠

나에게는 오빠가 두 분 계신다. 두 분 다 나를 예뻐해 주셨지만 그중 큰오빠가 더 많은 사랑을 주셨다는 생각이 든다. 나와는 달리 큰오빠는 아주 미남이시고 능력도 뛰어나며 의로운 분이셨는데, 안타깝게도 몇 년 전, 73세의 나이로 세상을 떠나셨다. 큰오빠가 세상을 뜨니 부모님께서 돌아가신 것만큼 매우 마음이 아팠다.

내가 초등학교 3학년에 다니던 겨울 어느 날이었던 것 같다. 날씨가 몹시 추워, 나는 따뜻한 방안에서 재미있게 놀고 있었다. 그때, 큰오빠는 내 발을 오빠의 발등 위에 올려놓고 양손을 잡고서 눈웃음을 살짝 지으며, 온 방 안을 이리저리 왔다 갔다 하며 즐거워하셨다. 그리고 오빠는 나의 손톱은 물론 발톱까지도 깎아주셨다. 오빠는 내가 공부도 잘하고 청소까지도 잘한다며 늘 나에게 칭찬을 아끼지 않으셨다. 그렇게도 여동생인 내가 사랑스럽고 예뻐 보였을까? 3학년이라서 발등에 올려놓을 정도로 어리지도 않은데도 말이다.

우리 부모님은 넉넉한 편이어서 6 · 25 전쟁 직후 배고프던 시절 어려운 이웃에게 많이 베풀며 사셨다. 어머니께서 피난민들에게 밥을 많이 해주시며 베푸셨으므로, 그분이 돌아가신 뒤 오신 낯모르는 분들로부터 그런 사실을 알게 되었다. 하지만, 내 옷에는 관심을 두지 않으셨다. 집에 있는 다 찢어진 셔츠 위에 흰 저고리를 입고 찍은 내 어린 시절 사진을 보면 정말 웃음이 나온다. 사진 속의 내 모습을 보면 상거지가 따로 없다. 그래도 철이 없던 시절이라서 표정만큼은 매우 밝다. 내가 큰오빠의 사랑을 듬뿍 받고 자라서 그랬던 것일까?

초등학교 4학년 무렵으로 기억된다. 큰오빠가 나를 데리고 광주에 있는 외가에 가려는데, 옷이 너무 낡은 것들뿐이었다. 그래서 큰오빠는 내가 입을 옷을 이웃집에서 빌려 예쁘게 단장을 시킨 뒤에 데리고 갔던 기억이 난다. 바느질품팔이를 하던 이웃집 아이인 연숙이의 원피스를 빌렸던 것이다. 그 옷을 단정하게 입고 믿음직한 큰오빠를 따라 외갓집에 다녀왔다. 그리고 얼마 뒤, 오빠와 함께 정읍에도 다녀갔던 일들이 생생하게 떠오른다. 큰오빠는 내가 결혼한 뒤에도 늘 관심을 두셔서, 나는 얼마나 마음이 든든했던지 모른다.

퇴직을 한 뒤에 나는 틈을 내어 남편과 함께 어린 시절 기억을 더듬어 큰오빠와 다녀갔던 정읍 구 시장 구두 가게를 찾았다. 그러나 옛날 그 주인은 오간 데 없고 다른 분이 운영하고 있었다. 혹여 신 시장에 있지 않을까 해, 그곳에도 찾아가 보았으나 역시 찾을 수 없었다. 조금은 아쉽고 안타까웠다.

우리 부모님은 이웃에 사는 둘째 고모님이 자주 우리 집에 오시니, 그분의 눈치도 보시고 거기다 잔정이 없으셔서 그랬는지, 자식들을 예뻐하지 않고 그저 무덤덤하게 키우신 것 같다. 속정이야 있었겠지만 농사일하랴 조상님 섬기랴 항상 바쁘게 사셔서 자식들에게 관심을 둘 수가 없었을 것이다. 그래서인지 우리 남매들은 자립심이 좋은 편이다.

오히려 우리 어머니는 내가 공부를 하는 것을 못마땅하게 생각하셨다. 우선 농사일을 전부 손으로 해야 하는 시대라서

“일손이 모자라 눈코 뜰 새 없이 바쁜데, 공부해서 뭘 하느냐?” 고 하셨다. 내가 여자애라서 더 그러신 것 같았다. 그 당시만 하더라도 어른들은 ‘여자는 공부를 안 시켜도 된다.’고 생각했다. 그럴수록 나는 한 손에는 낫을 들고, 다른 손에는 시험공부에 나오는 중요한 것들을 메모한 수첩을 들고 외우면서, 두 가지 일을 당당하게 해냈다. 그렇게 노력한 보람이 있어서인지 고등학교 입학시험에 좋은 성적으로 합격하였다. 그때에도 큰오빠가 제일 좋아하셨다.

부모님은 내가 아무리 공부를 잘하고 집안일을 잘해도, 조금도 좋아하는 기색이 없으셔서 그 당시에는 참으로 서운했다. 그러나 지금 생각해보니까 한집에 같이 사는 큰올케는 늘 일방죽에 빠져서 사는데, 올케 보기가 민망해서 그랬다는 것을 이제야 깨닫는다.

나는 그토록 나를 사랑해주시던 큰오빠의 은혜에 보답하기 위해서, 명절이나 제사 비용 그리고 병원비까지 갖다 드리는 등 최선을 다하고자 노력했다. 오리려 남편이 더 적극적이었다. 그런 남편을 보며 ‘아내가 사랑스러우면 처가 집 말뚝에다 절을 한다더니….’라는 말이 떠올랐다.

둥실거리는 햇살을 보면 그리운 얼굴이 떠오르고, 나를 보듬어 주었던 인연이 그립다. 오색 단풍이, 울긋불긋한 가을이 칠십여 번을 반복

한 뒤에야 지난 일을 되돌아보며 깨닫게 된다. 지금도 나를 그리도 예뻐해 주시던 큰오빠가 매우 그립고 보고 싶은 마음 간절하다.

(2016. 5. 10.)

내 사랑 귀염둥이 손녀, 나윤이

내가 무척 기다리고 바라던 손녀가 태어났다는 소식이 왔다. 내가 당연히 보살펴주어야 하는데 체력이 약해 며느리는 조리원에 들어가 산후조리를 하기로 했다. 며느리가 임신 중에 하혈이 조금 있어서 힘들었는데 산모와 아기 둘 다 건강하다고 하니 매우 감사했다. 아기의 모습은 아들과 며느리가 이따금 동영상으로 보내주어 집에서도 늘 볼 수가 있어 참 좋았다. 손녀는 30년 만에 우리 가정으로 내려온 천사로 느껴졌다. 생김새로부터 표정과 눈길 하나 우리 모두의 마음을 사로잡았다. 아들을 쏙 빼닮은 멋진 코와 입, 엄마를 닮은 빛나는 눈매와 훤칠한 이마, 그리고 큼직한 귀는 우리에게 감사와 기쁨으로 이끌어주었다.

손녀 나윤이 할아버지는 특히 더 심하게 아이에게 빠져들며 일찌감치 손녀 바보로 등극했다. 손녀를 바라보면 참으로 신기하고 사랑스러운 모습이어서 하느님의 능력이 저리도 크시다는 것은 느낀다. 손녀가 태어나니 우리 가족 모두 삶의 의욕이 생기고 새로운 기운이 더 충만해지는 것 같다. 남편과 나는 눈만 뜨면 스마트폰을 켜고 하루하루

달라지는 손녀의 모습을 바라보며 카톡, 밴드에서 댓글 달기에 여념이 없다. 그리고 동영상을 바라보며 웃고, 하루에 한 번 정도 보내오는 사진에 흠뻑 빠져 산다.

백일이 되어서야 예쁜 손녀를 우리 집에 데리고 왔다. 너무도 귀엽고 사랑스러웠다. 머리를 만져 보니 머리털이 함함하다. 나보다 남편이 손녀를 더 좋아하였다. 남편은 어찌나 예뻐하는지 아이를 손에서 내려놓지를 않는다. 할머니인 나도 오죽이나 사랑하지만, 힘이 들어서 남편처럼 그렇게 어르면서 예뻐하지는 못한다. 그런데도 손녀는 내 속마음을 더 아는지 할머니인 나를 더 따른다. 할아버지는 여자인 나보다 약간 두려운지 나를 더 따른다. 그런데 그 귀여운 손녀가 조금은 예민하고 까다로워 잠을 자려면 그런 상전이 없다. 한참을 울다가 겨우 잠을 자는 버릇이 있다. 자기 외갓집이 머나먼 제주도인데 그곳에서는 꼭 세 시간 동안을 울다 울다 지쳐 잠이 겨우 들었다고 한다. 아마 갓난아기라서 비행기를 타면 적응이 안 되어서 그런지 귀잠이 없다.

우리 나윤은 이가 나지 않았는데도 고기를 잘도 먹었다. 어떻게 먹는가 보았너니 잇몸으로 먹는 것 같다. 신기하면서도 한편으로는 걱정도 되었다. 씹지 못하면 체할까 봐서 염려되었다. 그런데 며느리는 그런 걱정은 전혀 하지 않으면서 잘도 먹인다.

그리고 태어난 지 6주가 되었는데, 수영장에서 보트 속에 넣어두었다. 하지만 아이는 두려워하지도 않고 그대로 있다. 며느리 친정이 제주도이어서 그런지 아이를 아주 강하게 길들인다. 그걸 보며 참 잘하는 일이라고 생각이 되었다.

어느새 돌이 되어서 돌잔치를 하는 날이었다. 분명히 순하게 있지는 않을 터인데 어떻게 하나 지켜보았다. 아주 희한하게도 돌날부터는 그렇게 잘 울던 아이가 울지 않고 만나는 사람마다 눈웃음을 활짝 지어주며 누구에게나 품에 덥석 안기어 준다. 그런 손녀 나윤이가 정말 더욱더 예쁘고 사랑스럽다.

며느리가 직장에 나가야 해서 아직은 대소변도 가리지 못하는데 유아원에 보내야 했다. 어떻게 적응할 수 있을까 걱정을 했는데 유아원 교사들이 어떻게 다루는지 잘 적응했다. 그분들은 능력이 대단하다는 생각이 들었다. 잘 다닐 뿐 아니라 많은 것들을 배워 왔다. 혼자서 스스로 밥 먹기, 그림 그리기, 친구 사귀기를 배우는 것 같다. 참 신통하기도 하고 대견스러웠다.

요사이는 걸음도 잘 걷는다. 넘어지는 일이 없고 위험한 곳은 다 알아서 조심한다. 길을 가다가 조금이라도 높은 곳이 나올 경우 약간 엎드려서 땅에다 손을 짚고 위험하다 싶으면 더 조심하고 있는 모습이 얼마나 대견스럽고 어찌나 귀여운지 모르겠다. 여자애라서 더 조심하고 지혜로운 것 같다. 우리 아이들은 어린 시절 남자애라서 그런지 가끔 넘어지기도 했었는데 우리 손녀는 넘어지지도 않고 씨엉씨엉 잘도 걷는다. 만 3년을 컸다. 그래서인지 말도 잘한다.

손녀 나윤에게 간식을 주면 자기만 먹지 않고 꼭 할아버지와 할머니에게도 주고 자기도 먹는다. 어릴 때와는 아주 달리 누구에게나 잘 따르고 환하게 웃는다. 그리고 어깨를 쭉 올리며,

"할머니, 할머니!"

라고 말하며 나에게 다가와 품에 안긴다. 그런 손녀 나윤의 애교에 나는 그만 깜빡 넘어 가버리고 만다.

요사이는 하모니카를 잘도 부는데 유아원에서 배웠다고 한다. 그야말로 고사리 같은 손으로 하모니카를 잡고서 열심히 불고 있는 모습은 혼자 보기에는 너무 아깝다. 아무 음이나 대충 불어대지만 그런 모습이 오히려 더 귀엽다. 우리도 어릴 때는 저렇게 귀여웠을까? 우리 손녀 나윤은 우리 집안의 천사처럼 우리 마음을 즐겁고 웃음이 가득한 천국으로 변화시키는 재주가 있나 보다.

(2016. 5. 28.)

다슬기에 대한 추억

20여 년 전의 일로 기억된다. 우리 집에서 가까운 내장산 '이조암' 골짜기로 나들이를 갔다. 도시락에다 내가 즐겨 먹는 찰밥 그리고 몇 가지 반찬과 라면, 만두, 코펠 등을 챙겼다.

그곳에서 나는 향긋한 쑥과 미나리를 캤다. 그 바로 옆 냇가에는 맑은 물이 졸졸졸 흐르고 있어 그곳을 유심히 살펴보니, 물속 조그만 바위 위에는 까만 다슬기가 자기 가족들과 함께 햇볕을 쬐며 한가롭게 쉬고 있었다. 남편은 재빨리 냇가로 내려가 다릿돌을 건넌 뒤, 다슬기 사정은 아랑곳하지 않은 채 그것들을 비닐봉지에 마구 쓸어 담았다. 다슬기는 갑자기 남모르는 손이 다가와 자신들을 쓸어 담으니 어찌할 바를 몰랐을 것이다.

나는 평소 된장을 풀어 끓인 쌉싸래한 맛의 다슬기 국물을 아주 좋아한다. 어린 시절 우리 고향에서 멀지 않은 냇가에 가 친구들과 함께 다슬기를 잡아다 된장국을 맛있게 끓여 먹었던 기억이 새롭다. 그러나 냇가에서 멀리 떨어진 마을에 살던 남편은 다슬기를 잡아보지 않았단다. 그런데 내가 다슬기를 좋아한다니까 아주 열심히 잡아준다. 남편은 제법 많은 양의 다슬기를 잡고, 나는 연한 쑥을 비닐봉지에 가득 캤다.

야외에 나오니 평소에 음식 만드는 일에 관심을 두지 않던 남편이 더 적극적이다. 버너에 불을 붙이고 냄비에 물을 올려 라면을 펄펄 끓이다가, 나중에 만두를 넣고 익혔다. 냄비에 조금 전에 잡았던 다슬기도 넣었다. 그리고 달걀을 풀고 대파도 숭숭 썰어 넣으니 더욱더 맛있어 보였다. 냄새도 기가 막혔다. 밥도 곁들어 놓고 함께 맛있게 먹었다. 라면, 만두, 밥 모든 것이 꿀맛이다. 다슬기도 까서 국물과 함께 먹으니 아주 맛있는 점심 식사가 되었다.

우리가 이조암을 찾은 이유는 남편이 어릴 때 이곳에서 자란 추억이 깃든 곳이기 때문이다. 그리고 주위 경치도 푸른 융단을 펼쳐놓은 것처럼 아주 싱그럽게 보였다. 물이 깨끗하고 맑아 나도 양말을 벗고 물속으로 들어가니 발바닥이 간질간질했다. 남편이 어릴 때 반바지를 입고 친구들과 여기저기 두리번거리며 재미있게 돌아다녔을 모습을 상상해 보았다.

남편은 지금은 점잖지만 어릴 적에는 아마 누구 못지않게 개구쟁이였을 것 같다. 사람은 자라면서 열 번도 더 변한다고 하지 않던가? 어릴 적 남편의 사진과 성인이 된 뒤의 사진은 완전히 딴판이어서 그럴 것 같다는 생각이 든다. 어린 시절 사진을 보면 시동생이 훨씬 미남이지만, 성인이 된 뒤에는 남편의 모습이 더 나아 보인다. 내 남편이라서 그렇게 보이는지도 모르지만 말이다.

다슬기가 간 건강에 좋다고 해서 나는 자주 사다가 먹는다. 집에 돌아와 이쑤시개를 이용하여 다슬기 속살을 빼주니 아이들도 아주 좋아한다. 남편도 처음에는 먹지 않으려다가 내가 맛이 좋다고 하니까 나중에는 잘도 받아먹었다.

쑥은 잘 손질해 삶아 꽉 짠 뒤, 불린 쌀과 섞어 가지고 방앗간으로 갔다. 그걸 잘 빻아다가 둥그렇게 만들어 찜 솥에 넣고 푹 쪘더니 쑥 향기가 그윽한 맛있는 쑥개떡이 되었다. 그리고 미나리는 손질을 잘하여 씻은 다음 끓는 물에 소금을 조금 넣고, 살짝 데친 다음 꽉 짜서 된장과 고추장, 다진 마늘, 다진 파, 그리고 참기름과 통깨를 넣고 조물조물 무쳤다. 그런 뒤 저녁상에 내놓았더니, 남편과 아이들은 쑥개떡도 맛있고 또 미나리 향이 너무 좋고 맛있다며 엄지손가락을 번쩍 들어주었다, 오늘 하루의 피로가 한순간 확 달아나버린다.

평소에 떡을 별로 좋아하지 않는 남편이 맛이 있다고 하니 기분이 매우 좋다. 쑥개떡을 이웃집 두 군데 갖다 드리고 조금 남아서 비닐봉지에 넣어 냉동실에 보관해 두었다. 조금 땀 흘려 노력하니 맛있는 다슬기 된장국, 그리고 쑥개떡과 미나리나물을 먹을 수 있어서 하루가 행복했다.

지금도 다슬기를 잡고 나물을 캤던 그 순간을 잊을 수가 없다. 특히 남편과 온종일 즐겁고 다정하게 이야기도 나누고 웃을 수 있는 소중한 시간을 가질 수 있었기 때문이다. 그런 기회가 또다시 내게 주어진다면 예전보나 너 즐거운 마음으로 남편과 함께하고 싶다는 생각이 간절하다.

(2016. 6. 2.)

설날에 대한 단상

어린 시절, 설날은 어두운 정적을 깨뜨리며 '꼬끼오' 하고서 새벽을 알리는 닭의 울음소리와 함께 시작되었다.

닭이 우는 소리가 들리면, 어머니는 언제 일어나셨는지 부리나케 부엌으로 나가 음식을 준비하셨다. 그리고 아버지와 큰오빠는 그동안 준비한 음식들로 정성껏 차례상을 차렸다. 차례는 장손 집부터 지손 집까지 돌아가며 지내고, 아침 식사는 장손인 우리 집에서 집안 어른부터 아이들까지 모두 모여 떡국을 나누어 먹었다. 그때만 해도 가족들이 많던 시절이라 떡국을 먹으러 모인 집안 남자들로 큰방 둘이 부족할 정도로 온 집안이 북적거렸다.

까치설에는 음식 장만에만 신경 쓰다가 어머니는 해 질 녘이 다 되어서야 설빔을 사러 나를 데리고 장성 황룡장에 나갔다. 그러나 그 무렵이면 이미 대부분 가게는 문을 닫았다. 어머니는 마음 조급해하며 이곳저곳 옷가게를 찾아다니셨다. 그러다 포기하고 그냥 오려고 하는데, 다행히 문을 닫지 않은 가게가 눈에 띄어 내가 좋아하는 색동저고리와 빨간 치마를 살 수 있었다. 어머니는 설빔을 사고서야 마음이 놓인 듯 나를 바라보며 환하게 웃으셨다. 그때 설빔을 사지 못했더라면, 나는 물론이고 어머니께서도 얼마나 미안하고 서운해 하셨을까! 설날 이른 아침부터 나는 어렵게 새로 산 그 고운 설빔을 입고 30여 호 되는 집을 한 군데도 빠뜨리지 않고, 보란 듯이 세배하러 다녔던 기억이 새롭고 그립기만 하다.

곰곰 생각해 보면, 그 당시 어른들이 지금의 내 나이 무렵이었던 것 같다. 그런데도 지금 나는 어른이라는 생각이 전혀 들지 않는다. 그 당시는 차례를 지내기 위하여 떡은 물론 술, 엿, 유과, 강정, 약과, 다식, 묵, 콩나물 기르기 등 모든 것들을 집에서 준비해야만 했다. 그러니 어머니를 비롯하여 온 집안 여자들의 고생이 이만저만이 아니었다. 그것도 직접 아궁이에 불을 지펴가며 한 달가량 음식 준비에 매달려야만 했으니 얼마나 힘들었겠는가? 나도 설 명절 준비를 하는데 많이 도와드려야 했다.

요즈음은 모든 것들을 제사 음식 전문 업체에 맡겨서 하니 아주 수월하게 차례 준비를 할 수가 있어서 참 좋다. 나는 며느리가 있지만, 교직에 몸을 담고 있어서 가정일까지 부담을 주지 않으려고 노력을 하는 편이다. 요즘에는 많은 가정이 예전처럼 명절을 가족들과 만나 음식을 나누는 것만으로 생각하지는 않는 것 같다. 많은 가정이 해외나 국내 여행을 하며 명절을 즐겁게 보낸다. 나도 여행은 아니지만, 윷놀이나, 영화 관람, 볼링 등 특별한 놀이를 하면서 보내면 어떨까 하는 생각이 들었다. 그래서 가족들에게 의견을 물으니 피로가 풀리지 않았는지 집에서 쉬는 편이 좋겠다고 하여 손녀의 재롱만 보며 지냈다. 하기야 그보다 좋은 즐거움이 어디 있겠는가!

설날 아침이 밝았다. 여느 해 같으면 우리 시어머님께 세배를 먼저 드렸었는데, 올해는 시어머님이 요양원에 계시어 뵙지 못하니 어쩐지 마음이 편치 않았다. 막내 서방님이 시어머님을 모시고 설을 쇤다고 하니 그나마 안심이 된다. 그래서 이번 설은 우리 내외가 제일 먼저 세배를 받게 되었다. 미리 준비한 세뱃돈도 주면서 덕담도 건넸다. 올해에 다섯 살이 된 우리 손녀는 그사이 세배하는 법을 미리 배웠는지 귀여운 모습으로 예쁘게 절을 잘했다. 한복까지 갖추어 입는 큰아들네 세 식구의 모습이 환하고 즐거워 보여 보기가 참 좋았다. 며칠 뒤에는, 시어머님을 찾아뵙고 세배도 드려야겠다.

우리는 천주교 예절에 맞추어 차례 상을 준비한다. 음식은 부모님이 조상님께 차리던 상차림과 비슷하게 우리 가족이 좋아하는 것 위주로 간단하게 준비하여 차린다. 처음에 성가를 부르고 성서 말씀을 마음에 새기면서 절을 올리는 예식 절차에 따른다. 예식 절차가 끝나고 모든 식구가 서로 정담도 나누며 음식을 나누어 먹는다. 식사하면서도 우리 서방님은 요즈음 정치 이야기도 빼놓지 않는다.

설거지가 끝나고 잠깐 쉬려는데 서방님과 조카들이 차 시각에 맞추어 나가고, 큰아들네도 제주에 있는 처가에 간다며 집을 나섰다. 모두가 떠나니 집안은 일순간 조용한 절간처럼 느껴지며 아쉽고 서운한 마음이 밀려왔다. 그러한 분위기에서 벗어나고파 우리 내외는 정읍사 공원으로 발걸음을 옮겼다.

어린 시절 설날이면 그리도 맵고 추운 날씨였는데, 오늘은 날씨가 봄날처럼 포근하고 바람까지 없는 날이어서 산책하기에는 딱 좋다. 둘이서 손을 잡고서 다정하게 걷기 운동을 하니 마음이 포근해졌다. 하늘은 구름 한 점 없고 쾌청하니, 의자에 편안하게 앉아서 편백나무 숲에서 불어오는 맑은 공기를 마시며 사진도 한 컷 남겼다. 우리를 반기는 듯 산까치도 우리 곁을 맴돌았다. 산까치도 어제 설날 명절을 보내서인지, 검은 날개와 그사이 흰 깃털이 어울려 색동옷처럼 산뜻하다. 흡사 설빔을 차려입은 모습이다. 평소에 나를 항상 반겨주는 녀석 같은데 오늘은 더욱 반기는 것 같아 기분이 아주 좋았다. '이럴 줄 알았으면 산까치 먹이나 가져 올 걸.' 하고 뒤늦은 후회를 해보았다. 이렇게 산책을 하고 나니 가족들과 헤어지며 가졌던 서운한 마음도 어디론가 사라져버렸다.

이번 설날은 가족들이 다른 때보다 유난히 밝은 모습이어서 아주 좋았다. 그 무엇보다 큰아들네 가족들이 건강한 모습으로 와주어 고마웠다. 나는 아들들에게 명절 때 집에 올 때는 항상 과제를 해결해 가지고 오도록 부탁했다. 다름이 아니라 몸무게를 늘려 가지고 오라는 것이었다. 이번에는 큰아들이 그 과제를 해가지고 와서 나를 기쁘게 해주었다.

명절을 보낼 때마다 느끼는 것인데, 명절은 가족과 이웃 공동체가 서로 어우러져 함께 살아가는 지혜와 경험을 갖도록 해준다. 그리고 가족과 이웃이 한 해 동안 서로 배려하고 감사하며 지내는 슬기를 배울 수 있게 해주는 소중한 날인 것 같다.

(2018. 1. 28.)

속이 깊으셨던 우리 아버지

오전 9시 무렵 집안일을 정리하고 있는데 손전화가 움찔거렸다. 내가 처음 교사로 발령받아 서삼 초등학교에서 같이 근무했던 존경하는 사비나 선배였다. 선배와 이런저런 이야기를 나누던 끝에

"나는 우리 어머니에 대해서는 이미 글을 한 편 썼지만, 아버지에 대해서는 특별히 기억나는 이야깃거리가 별로 없어서 글을 쓰지 못했어요."

라며 선배에게 말했더니

"어디 그럴 수가 있느냐?"

하고 웃으며 말하고서, 선배는

"아버지가 자식들을 위해 많은 고생을 하셨을 텐데, 그렇게 쓸 수가 없다니 이해가 안 되네."

하고 말하는 것이었다. 선배님의 말을 듣고 보니 부끄러운 생각이 들었다. 하지만 아무리 생각해보아도 아버지에 대해서는 기억나는 것이 별로 없는 것만 같았다.

아버지께서는 오빠들을 광주 시내로 학교를 보내면서 딸인 내가 공

부하는 것은 마뜩잖게 생각하시는 것 같았다. 그렇지만 욕심 많은 나는 부모님을 졸라 기어이 장성 읍내에 있는 고등학교에 진학하였다. 그리고 틈나는 대로 부모님의 농사일도 보살펴드리며 학업에 열중하였다. 나는 기한 내에 납부금을 내지 못해 담임선생님께 꾸중을 들어가면서도 기어이 고등학교 과정을 마쳤다.

1970년대 초, 정부의 경제개발계획으로 산업화가 급격히 이루어지면서 많은 일자리가 생겨났다. 그로 인해 당시만 해도 봉급이 많지 않던 학교 선생님들이 좋은 일자리를 찾아 도시로 떠났다. 그 결과 초등학교에는 교사들이 많이 부족하게 되었다. 그래서 정부에서는 고등학교 졸업생들 가운데에서 성적이 우수한 사람들을 선발하여, 일정 기간 연수 과정을 마치도록 한 뒤에 일선 학교 교사로 발령을 냈다. 나도 그런 과정을 거쳐 초등학교 교사로 발령을 받을 수 있었다. 고등학교를 졸업한 뒤에 단기간 연수를 받고 교사로 발령을 받다 보니 숨 돌릴 겨를이 없었다. 나는 키가 크지 않은 데다 애젊어서 사람들은 나더러 선생님인지 학생인지 모르겠다고 우스갯소리를 했다. 나는 그런 말이 듣기가 거북해 될 수 있으면 의젓한 모습을 보이려고 정장 차림을 하고 근무했다.

나는 그렇게 시작하여 40년이 넘도록 교직 생활을 하였다. 교직에 있는 동안 내내 정말 감사하다는 생각이 들어 최선을 다하고자 노력했다. 결혼한 뒤, 아이를 키우랴, 직장에 다니랴, 또 병환 중인 시어머님을 7년 동안이나 모시느라 힘들게 살다 보니 나의 몸은 너무 많이 야위었다. 그런데도 내가 친정에 가면 아버지는 내 건강에 대해 염려는커

녕 별다른 관심을 두지 않으셨다. 그리고 아버지께서는 남편에게

"애들 엄마가 건강했었는데 지금은 저렇게 몸이 약해져 아주 걱정이 되네."

라는 말씀 한마디조차 하지 않으셨다. 그렇지만 나는 애써 서운한 마음은 뒤로하고 '아버지 성격이 원래 그래서 그러려니.'라고 생각했다.

그리고 친정에 갈 적마다 아버지가 즐겨 드시는 꿀과 용돈을 드리곤 하였다. 어쩌다 시장에서 아버지가 좋아하시는 다슬기가 눈에 띄면 얼른 사다 드렸다. 그러면 아버지는 말씀은 안 하지만 좋아하시는 눈치였다. 옛날 분이라서 고맙다는 말도 아끼시는 것 같았다. 귀가 어두워지시자 남편과 함께 광주로 모시고 가 보청기도 해드렸다. 어머니가 70세에 돌아가시어 홀로 남은 아버지가 초라한 모습으로 보여서는 안 된다는 생각으로, 나는 산뜻한 옷도 가끔 사드리고 이부자리도 바꿔드리며 부족하지만 적잖게 노력하였다.

그동안 나는 지금까지 아버지에 대해 감사함을 모른 채, 단지 돌아가신 뒤에 후회하지 않으려고 성심을 다했다. 하지만 내 마음속 깊은 곳에 아버지에 대한 고마움 같은 것은 별로 느끼지 못하며 살아온 것 같다. 그런데 선배의 이야기를 듣고 곰곰 생각해 보았다. 그 결과 나는 아버지의 고생으로 내가 고등학교를 졸업할 수 있었고, 또 사람들이 어렵게 살던 보릿고개 시절에도 우리 가족은 굶주리지 않고 지낼 수 있었다는 사실을 이제야 깨닫게 되었다. 아버지에 대한 잘못된 선입견이 너무 크다 보니 이제까지 미처 생각지 못했던 것이다.

6 · 25동란 때, 아버지는 피난 나온 분들이 끼니를 거르지 않도록

어머니께 양식도 넉넉히 내놓으셨고, 또 그들에게 사랑채도 비워주셨다. 그 덕택으로 우리 가족은 피난도 갈 필요가 없었고, 동네 사람들도 피해가 적었다는 어른들의 이야기를 들었다. 그리고 마을에서 노인들이 돌아가시면 아버지께서는 곧바로 상가에 가시어 돌아가신 분의 염을 해드렸다. 그렇게 마을의 궂은일들을 도맡아 하셨다. 동네 어른들은 아버지가 일을 도맡아 하셔서 우리 남매들의 삶이 평탄하다고 말씀하신다. 알고 보니 우리 아버지같이 성실하고 말없이 베푼 분이 그 시절에는 많지 않았음을 이제야 깨닫는다.

사람이 살면서 공기의 중요함을 모르고 살아가듯 아버지가 우리를 가르치고 먹여 살리는 일은 당연하다고만 생각해왔다. 그래서 글 한 편 쓰지 않은 내가 매우 속좁이 좁고 나잇값 못한 사실을 부끄럽게도 이제야 깨닫게 되었다. 사비나 선배가 아니었으면 아버지의 은혜도 모르는 불효녀로 살아갈 뻔했다. 나를 뒤늦게나마 철이 들게 해준 사비나 선배께 감사한다.

(2018. 06. 22.)

자랑스러운 내 남동생

내 남동생 춘수는 육 남매 중에 막내아들이다. 우리 남매들 가운데 가장 활달하고 친구 사귐이 좋으며 얼굴도 훤칠하고 공부도 잘했다. 그래서인지 지금 많은 사람의 사랑을 흠뻑 받으며 행복하게 잘살고 있다. 거기다가 초등학교 6학년 때의 담임선생님 추천을 받아 광주광역시 오페라단에 들어간 뒤 20여 년 동안 열심히 활동을 해오고 있다. 그동안 광주문화예술회관에서 공연한 오페라 중에서 주인공 역을 맡아 여러 차례 열연하곤 했다. 공연할 때마다 우리 내외를 초대해주어 참으로 행복하고 감미로운 시간을 가질 수 있어 얼마나 자랑스럽고 즐거웠는지 모른다.

내 동생은 〈사운드 오브 뮤직〉, 〈사랑의 묘약〉, 〈김중달의 유언〉 등에서는 주인공으로, 〈나비부인〉, 〈리골레토〉 등에서는 조연으로 출연하여 특유의 바리톤 저음으로 그 역할을 멋지게 소화해 냈다. 재직 시절 동생이 초대장을 보내오면 근무가 끝나기 바쁘게 꽃다발을 한 아름 사 들고, 정읍에서 광주까지 가서 오페라를 관람하고 돌아왔었다. 여간해서 볼 수 없는 오페라를 동생이 있어서 여러 차례 관람할 수 있었고, 그때마다 얼마나 행복했는지 모른다.

오페라가 끝나면 집으로 돌아오면서 남편에게 동생을 자랑하곤 하였다. 그러면 남편은 자신도 내 동생보다 더 잘할 수 있다면서 모두가 잠든 늦은 밤인데도, 이웃을 의식하지 않은 채 아주 큰 소리로 오페라 가수 흉내를 내고 있는 모습이 꼭 어린 애들처럼 느껴졌다. 그럴 때마다 나는 웃으면서 남편에게

"당신, 이불 속에서 대한 독립 만세 부르면 무슨 소용이 있나요?" 라고 말하곤 하였다. 내 동생은 부모로부터 받은 재능은 많지 않아도 열심히 노력해 수많은 청중들 앞에서 열연하고 있는 모습이 참으로 멋져 보였다. 나는 다시 "당신은 그런 기회가 와도 하지 않을 텐데 목소리 좋은 게 무슨 소용이 있나요?" 하고 남편을 놀리곤 하였다.

그 뒤부터 〈넬라 판타지아〉를 연습 삼아 부르며 가수 흉내를 냈다. 그러더니 나의 정년퇴임식 날 여러 사람 앞에서 그 노래를 아주 멋지게 불러주었다. 나의 소원이 이루어지는 것 같아 감격스러운 마음을 감출 수가 없었다. 그날따라 남편의 모습이 그렇게 멋지고 자랑스러울 수가 없었다. 별로 연습을 많이 하지 않은 것 같은데도 성량이 풍부해서인지 남편의 노랫소리가 마치 성악가처럼 느껴졌다. 남편은 그렇게 노래를 잘할 수 있는 능력이 있는데도 왜 지금까지 사람들 앞에서 노래를 안 했는지 이해가 되지 않았다. 남편의 재능이 아깝다는 생각이 들었다. 남편에게 칭찬을 아끼지 않았더니 그 뒤로 성당에서나 동창 모임에서도 자주 노래를 부르곤 했다. 내가 남편에게 진즉 그런 자극을 주었더라면, 보다 좋은 실력 발휘를 할 수 있었을 텐데 아쉬운 마음 가득했다.

내 남동생 가족은 완전히 음악 가족이다. 큰조카딸은 첼로를, 둘째 조카딸은 피아노를, 동생은 성악을, 동생댁은 피아노를 잘 친다. 가족이 완전히 음악 속에서 살고 있다. 음악성이 풍부하지 못한 나는 동생네 가족이 참 부럽다. 음악 가족이라서 싸울 일이 별로 없을 것 같다. 지난번 우리 조카딸 결혼식에서도 온 식구가 아름답고 수준 높은 노래를 선사하며 결혼식을 했다. 하객 입장에서 아름다운 노래를 감상하는 가운데 결혼식에 참석할 수 있으니 참으로 행복했다. 노래를 연습하느라고 많은 시간을 함께하니 동생 가족들 사이도 더 가까워졌겠다는 생각이 들었다.

내 남동생 춘수는 여러 차례 마라톤 완주를 하는 등 운동에도 적극적이다. 그래서인지 동생의 종아리 크기가 보통 남자들의 두 배는 되는 것 같다. 자주 마라톤 연습을 하고 배드민턴으로 몸을 단련하여 상도 많이 받았다고 한다. 또 학부모들의 합창 지도도 도맡아 하는 등 매사에 적극적이다. 학교에서 교사로서 업무에도 열심히 하여 지금은 교감으로 근무하고 있다.

그보다도 가톨릭 신자여서 나와는 대화가 잘 통한다. 요사이는 유기농 채소를 가꾸어 가족들의 건강에 관심도 많고 퇴직 후에 살 집도 숲이 좋은 곳에다 짓는 중이다. 공기 맑고 일 년 내내 자연과 늘 대화하며 흙과 함께 뒹굴고 물장난 치며 살 수 있는, 부모님 산소 가까운 곳에 집을 지으려고 집터를 마련했다. 동생네가 그곳에 살게되면 부모님께서도 기뻐하실 것 같다.

그리고 둘째 오빠와 함께 우리 울산 김씨 문중 일을 보는 데 협조하며 조상 숭배에도 많은 관심을 두고 있다. 고맙고 자랑스러운 동생에게 배울 점이 많아서 늘 칭찬을 아끼지 않는다. 또 어느 날은 자전거로 국토를 한 바퀴 순례한다고 해서 그 의지가 아주 대단하다며 칭찬을 해주었다.

똑같은 남매인데도 내 동생은 밝은 모습으로 매사에 적극적이더니 모든 사람의 부러움을 한 몸에 받으면서 살고 있다. 하지만 동생 아내 이야기를 들어보면 약간 불만이 있는 것 같다. 올케는 동생의 활동에 만족을 느끼지 못하나 보다. 나는 그런 올케를 보면서 '모든 행복은 자신의 마음속에 우러나오는 것으로 아직 그런 행복을 깨닫지 못하였구나!'라고 생각을 했다.

"동생의 댁, 자네는 제일 행복한 사람이야."

하고 내가 말하면 동생의 댁은 시누이인 내게 불만을 털어놓는다.

"형님! 제 남편은 예술에 너무 몰입하여 살기에 가정에서 같이 지내는 시간이 거의 없어요."

하고 말한다. 그 말을 듣고 보니 그럴 것 같다는 생각이 들었다. 늘 혼자 식사하고 혼자 여가를 보내야 하니 얼마나 심심할까! 동생댁은 요사이 피아노 치기를 그만하고 직장 다니느라 정신이 없는 것 같다.

그래서 나는 '부부는 한 가지 정도는 취미가 같아야 하겠고, 인생에서 가장 중요한 것은 부부가 여가를 함께 즐겁고 의미 있게 보내는 일이 아닐까?'라는 생각을 해본다.

(2016. 6. 14.)

하느님의 CCTV

요즘 어느 곳을 가나 CCTV를 설치해 놓지 않은 곳이 없을 정도다. 도시는 물론이고 농촌 지역 구석구석까지도 설치해 놓아 언제 어디서나 법에 어긋난 행동을 해서는 안 된다. 항상 CCTV가 지켜보고 있으니 우리는 어느 곳에서나 행동거지를 조심해야만 한다.

특히 교통사고가 났을 경우, 쌍방이 서로 자신은 잘못이 없다며 싸우는 것을 여러 차례 보았다. 그때마다, 그곳에 CCTV가 있었다면 서로 다툴 것도 없이 잘잘못은 곧바로 판가름이 났을 것이다.

특히 은행이나 금은방 같은 곳은 도둑이 빈틈을 노리는 지역이다. 이곳은 도둑이 항상 표적 삼고, 사람들의 발길이 드문 한밤중이 되길 기다렸다가 사다리를 놓거나 자물쇠를 망치로 부수고 들어가 돈과 귀금속을 훔쳐간다. 또 높은 지위에 있는 사람들이 힘없는 자신의 하급자나 연예인에게 한순간을 참아내지 못하고 불미스러운 행동을 하다가 법정에 서게 되는 경우가 종종 뉴스를 통해 보도된다.

잘못을 저지른 그들은 처음에는 자신의 잘못을 부인하다가, 마지막에 가서는 CCTV로 인해 경찰이나 검찰에 덜미가 잡히고 만다. 그러니 요즘은 세상사가 유리알처럼 투명해져 마치 우리 자신이 누군가에게 감시당하고 있다는 느낌마저 드는 세상이다.

우리 인간이 만든 CCTV가 이렇게 많은 잘잘못을 밝혀내고 있는데 하느님이 가지고 계시다는 CCTV는 어떨까? 생각만 해도 모골이 송연해진다.

여하튼 인간의 CCTV와 하느님의 CCTV를 비교해보자. 인간의 CCTV는 겉모습만 볼 수 있지만, 하느님의 CCTV는 우리 인간의 영혼과 양심의 정곡까지도 꿰뚫어 볼 것이다. 하느님의 CCTV는 날이 선 검보다도 예리하여 인간의 영혼과 육신을 환하게 들여다볼 수 있지 않을까?

인간의 CCTV는 설치된 곳에서나 감시가 가능하지만, 하느님의 CCTV는 이 세상 모든 것을 빠짐없이 지켜볼 수 있을 것 같다. 그리고 인간의 CCTV는 설치비용이 들지만, 하느님의 CCTV는 전능한 분이시므로 아마 설치비용 필요가 없을 것이다. 그리고 인간의 CCTV는 어느 정도 지나면 고장이 나지만, 하느님의 CCTV는 영원히 사용할 수 있을 것이다. 더욱 두려운 것은 인간의 CCTV에 찍힌 범죄행위는 그 사람을 감옥으로 이끌지만, 하느님의 CCTV로 밝혀진 잘잘못은 우리를 지옥으로 이끈다.

그렇지만 하느님은 의로운 분이시다. 하느님은 죄 없는 이들을 사랑하시고, 고통 중에 있는 이들을 돌봐주시는 분이시다. 하느님은 의로우신 심판자요, 우리에게 항상 죄짓지 않도록 경고하는 분이시다.

그런데도 악한 사람은 여전히 칼을 갈고 활을 당기어 죄 없는 사람을 겨눈다. 이는 자기 자신에게 살생의 무기를 들이대고, 자기 화살을 불화살로 만드는 것과 다를바 없다. 하느님께서

"보라, 죄악을 잉태한 자가 재앙을 임신하여 파멸을 낳는구나. 제가 꾸민 죄악이 재앙이 되어 제 머리 위로 되돌아오고, 제가 휘두른 폭행이 제 정수리로 떨어진다."

라는 말씀으로 죄짓는 일이 얼마나 큰 불행을 낳는지 경고하신다.

하느님은 우리 인간의 마음과 속을 환히 꿰뚫어 보시는 분, 우리는 하느님의 CCTV에 우리의 좋은 모습만 찍히도록 착하고 바르게 살아가야 할 것이다.

(2019. 5. 10.)

자랑스러운 내 고향 축령산

내 고향 장성군 서삼면에는 축령산이 있다. 초등학교 시절, 나는 그곳으로 소풍도 가고 쑥을 캐러 다녔다. 그 당시에는 무심코 그곳이 그리 멀지 않은 곳에 있었고, 산이 좋아서 갔다. 그런데 요즈음은 다른 산들과는 달리 아주 특별한 곳으로 바뀌었다. 축령산은 건강에 좋은 편백과 삼나무 숲으로 가꾸어져 있어서 전국 각지에서 많은 사람이 찾아온다.

축령산은 임권택 감독의 영화 〈태백산맥〉의 배경이 된 곳이기도 하다. 덕분에 주변에 영화마을이 들어서고 다수의 영화와 드라마의 배경으로 이용되기도 한다. 조림사업기념비가 세워져 있는 곳에서 금곡영화마을 쪽을 향하여 울창한 편백 숲길을 천천히 걸어가다 보면 마치 다른 세상에 와 있다는 느낌마저 든다.

지금의 축령산 숲은 우리 고장 출신 독림가 '임종국' 선생이 한국전쟁으로 황폐해진 이 산에 30여 년 동안 쉬지 않고 해마다 편백과 삼나무를 심으면서 가꾸어진 것이다. 임종국 선생은 다른 지역 산에서 편백과 삼나무들이 자라고 있는 것을 보고 난 뒤, 축령산 자락 10,000

여m²에 삼나무와 편백 묘목 5,000본을 시험 삼아 심었다고 한다. 그 뒤 그는 여러 해 동안 나무들이 자라는 것을 지켜본 다음에, 1956년부터 30여 년 동안 쉬지 않고 260만 m²에 78만 본의 나무를 심었다고 한다. 극심한 가뭄이 들 때는 직접 산에 오르내리며 지게를 지고 일일이 물을 주어가며 정성을 다했다. 마침내 오늘날과 같은 거대한 숲을 만들 수 있었다고 한다.

이곳 축령산 숲 중에도 특히 필암서원과 홍길동 테마파크에 가까운 추암리와 모암리 저수지 쪽을 사람들이 많이 찾는다고 한다. 30-40년생 편백나무와 삼나무들로 이루어진 울창한 숲에는 성장이 한창인 건장한 나무들이 내뿜는 피톤치드로 가득하다. 그래서 삼림욕을 자주 하면 몸속의 피가 완전히 정화되므로 병원에서 치료를 포기한 환자들까지도 건강을 되찾고자 이곳을 찾는다고 한다. 또 숲이 좋아 어떤 이들은 등산이나 산책으로도 모자라서 아예 이곳 산 아랫마을에 집을 짓고 살고 있다고 한다. 숲이 어지간한 병은 다 낫게 한다니 우리도 건강을 위하여 자연과 친해지도록 많은 노력을 다해야겠다.

산에 나무를 많이 심으면 공기가 맑아지고, 홍수나 가뭄을 막아주며, 경관도 수려해져 관광자원이 되며, 또 많은 목재와 임산물을 얻을 수 있어서 좋다. 그렇게 많은 혜택을 주는 나무 특히 질병을 치유할 수 있도록 해주는 편백과 삼나무 숲이 요즈음에는 크게 각광을 받고 있다. 축령산에 이렇게 좋은 숲이 있다는 것이 얼마 전 방송에 소개된 뒤부터 전국에서 많은 사람이 찾는다고 한다. 이렇게 좋은 편백과 삼나무 숲이 우리 고향 축령산에 있다는 것이 매우 자랑스럽다.

편백과 삼나무가 100여만 주 이상 자라고 있는 보물 같은 축령산, 추암리 쪽 입구에서 조금 오르다 보면 조림사업 기념비를 만날 수 있다. 임종국 선생의 묘는 수목장으로 했기 때문에 조림사업 기념비만 그다지 넓지 않은 공간에 자리 잡고 있었다. 생각보다 규모가 크지 않아 찾는 이들의 마음을 숙연하게 한다. 임종국 선생은 나라와 사회를 위해 도움을 주는 큰일을 하고서도 당신 자신의 묘는 수목장으로 하고 또 비碑도 수수하게 남겼으니 참으로 훌륭한 분임을 새삼 알 수 있을 것 같다. 우리도 그분의 고귀한 뜻을 본받아 겸허하고 겸손하게 살아야겠다.

지금도 많은 사람이 세상을 살다 떠나면서 자신의 자취를 널리 알리고 싶어 하는데, 이는 삼가야 할 일이 아닌가 싶다. 제발 온 국민이 조금이라도 국토를 유익하고 아름답게 사용할 수 있도록 마음을 모아 실천해나가면 참 좋을 것 같다.

"내일 이 지구가 멸망한다고 할지라도 한그루의 사과나무를 심어야겠다."라고 스피노자가 말한 것처럼 우리 모두도 나무를 심고 가꾸는 일에 소홀히 해서는 안 될 것이다. 그리고 우리 자신과 후세들을 위해서도 숲을 잘 가꾸어 나가야겠다.

우리 부부는 이따금 축령산을 찾아가 산책을 하며 휴식을 취한다. 특히 무더운 여름에 그곳을 찾으면 정말 모자가 필요 없을 정도로 숲이 울창해서 시원하고 상쾌하다. 앞으로도 나는 자주 임종국 선생이 가꾸어 놓은 축령산 편백 나무숲을 찾아가 산책도 하고 숲과 대화도 나누며 건강한 삶을 살고 싶다. 축령산아, 네가 있어 참으로 마음 든든하고 행복하구나. 정말 고맙다!

(2016. 6. 26.)

3부

설렘 반, 걱정 반

당 신 멋 져

재직 시절에 학급을 맡았을 때 나의 교육 방침은 당당하고, 신나고, 멋지고, 져주는 어린이를 기르는 것이었다. 그러한 목표를 이루기 위하여 학년 초부터 아이들이 발표를 잘하도록 지도했다. 아침 자습 시간을 이용하여 매일 30분씩 발표를 시켰다. 처음에는 자신감이 있는 아이를 기르기 위해 학용품을 구입하여 똑똑하게 발표를 잘하는 아이에게 상품으로 주겠다고 했다. 그랬더니, 아이들은 상품을 받기 위해서 서로 앞다투어가며 야무지게 발표하려고 노력하였다. 나는 우리 주위에서 쉽게 접할 수 있고 유익한 정보를 주는 뉴스를 듣고 매일 수첩에 메모해 두었다가 여러 친구 앞에서 큰소리로 발표하도록 애들과 약속을 하였다.

처음에는 아이들이 어색해하며 겨우 발표를 하더니만 시간이 지나면서 점점 나아졌다. 자기 집안 이야기나 학교 소식 혹은 우리 고장이나 나라의 뉴스를 조사해 오도록 하였다. 그리고 가능하면 육하원칙에 따라서 발표하도록 했다. 그렇게 매일매일 발표를 하도록 지도하니 조금씩 나아지고 나중에는 발표하는 일을 아주 좋아하게 되었다. 또 아이들의 집중력이 조금씩 변화되고 수업 시간에 적극 참여하려고 노력했다. 나는 가끔 수첩을 검사하여 기록한 내용을 살핀 뒤에 확인 도장도 찍어 주었다. 이렇게 몇 개월 동안을 지도하니까 아이들 모두가 메모도 잘하고 발표력도 크게 신장되었다.

그러자 학부모들의 반응 아주 좋아졌다. 이렇게 발표 훈련을 시키니, 수업 시간에 아주 흥미를 가지고 참여해 교사와 아이들이 함께 즐거워하는 수업 시간이 되었다. 아이들은 수업이 끝나는 종소리가 나면 벌써 수업이 끝났냐며 아주 서운한 눈치였다. 발표를 한 번 더 하려고 했는데 벌써 쉬는 시간이 되었다며 아쉬워했다. 대부분의 어린이는 쉬는 시간이 되기가 무섭게 운동장으로 달려가 노는 데 정신이 없을 3학년인데, 오히려 서운하다니 이보다 좋을 수가 있을까! 그런 모습을 보게 되니, 담임교사로서 보람이 느껴져 아주 흐뭇했다. 내 용돈을 제법 투자하고 칭찬을 아끼지 않았더니 이렇게 달라진 것이었다. 선생님인 나에게 인정을 받게 되니 성격이 밝아지고, 아이들끼리 다투는 일도 줄고, 자기가 맡은 일을 스스로 하여 청소 활동도 잘 이루어졌다. 과제를 해오는 일이나 학교에 제출해야 하는 일들도 스스로 잘하니, 담임으로서 너무도 편하고 좋았다. 물론 아이들은 주변 정리 정돈도 잘하게 되었다.

나는 아이들의 정서 순화를 위해 1년 동안 오카리나를 연주할 수 있도록 특활 시간에 지도하려고, 준비하도록 했다. 준비한 오카리나로 처음에는 잡는 방법과 자세, 부는 방법 그리고 복식 호흡법을 지도했다. 이어서 기본음을 지도하고, 가장 쉬운 노래인 〈학교〉를 연주하도록 지도했다. 그리고 차츰 나아지자 또 쉬운 곡인 〈들장미〉 노래를 가르쳐 주었더니 잘 연주하였다. 그다음은 조금 어려운 곡인 〈과수원 길〉을 지도했더니 대부분이 연주하였다. 나 자신도 재미가 있어 특별활동 시간과 방과 후 시간을 이용하여 오카리나를 지도하는 데 푹 빠졌다. 화장실 가는 시간만 빼고는 꾸준히 오카리나를 지도하는 데에 온갖 정성을 다하였다.

가르치면서 때로는 배우기도 하다 보니 참으로 하루하루가 보람을 느끼는 생활이었다. 아이들 하나하나를 일일이 점검하며 지도하니까, 반 아이들 모두가 차근차근 어려운 곡을 연주 할 수 있게 되었다. 그래서 학년 말에는 교무실에서 교직원 연구 발표 시간에 여러 선생님과 학부모님을 모시고 당당하게 우리 반 아이들을 데려다가 〈들장미〉와 〈과수원 길〉 두 곡을 연주하였다. 아이들의 연주가 끝나자 많은 선생님과 학부모들이 칭찬을 아끼지 않았다. 나는 지난 한 해 동안의 노력이 헛된 일이 아니었다는 것을 확인한 것 같아 참으로 보람되고 흐뭇했다.

이외에도 바른 생활과 훈화시간을 통해서, 서로 이웃과 더불어 살아가기 위해서는 상대방을 이해하고 양보하며 사는 것이 중요함을 지도했다. 때로는 져주며 사는 것이 이기는 것임을 가르쳤다. 또 이야기를 통해 지도하고 또 그렇게 실천하도록 노력했다. 이런 지도는 눈으로 확인하기는 어려운 경우지만, 그러한 마음가짐을 갖도록 자주 이야기를 해주어, 이웃과 함께하는 사람이 되도록 가르치는 데 힘썼다. 학급에서 아이들끼리 다정하게 지내고 모범이 되는 아이들을 뽑아 상도 주고 칭찬을 아끼지 않았다.

당당하고, 신나고, 멋지고, 져주는 아이들로 변화되어가는 모습을 지켜보면서 나는 담임으로서 얼마나 보람 있고 행복했는지 모른다. 나는 초심을 잃지 않고 끝까지 학급을 열심히 이끌어 나가는 데 최선을 다하려고 노력하였다. 그 뒤로 일부 학부모님들께서 자기 아이를 일 년만 더 맡아 달라고 부탁하셨다. 그런 일은 내 마음대로 되는 일이 아니지만, 교직 생활에서 이보다 더 흐뭇한 일은 없을 것 같았다. 나는 내 몸은 비록 고되지만, 아이들과 학부모로부터 인정받을 수 있게 되었다는 것만으로도 얼마나 행복했는지 모른다.

이렇게 학급 운영을 하다 보니까 아이들 개개인은 아주 좋은 결과가 나타나지만, 학급 전체를 통솔하는 데 어려움이 많았다. 왜냐하면, 기를 살려주어야 발표를 잘할 것 같아서 칭찬을 해주다 보니 학급 전체를 통솔하는 데 어려움이 많았다. 실내에서는 그런대로 괜찮지만, 밖으로 나가는 날이면 학급 통솔하기가 힘이 들었다. 그때는 힘이 들었지만, 시간이 흐른 뒤에 잘하였음을 다시 한 번 느꼈다.

어느 날 내가 한의원에 침을 맞으러 들어갔는데 그 한의원 간호사의 아들이 내가 맡았던 빈 아이였다며 나에게 덕담을 아끼지 않았다. 미장원에서도 또는 시장에서도 만나는 학부모마다 덕담을 해주셨다. 그럴 때마다 교육자로서 많은 보람을 느꼈다. 지금도 나는 내게 '당, 신, 멋, 져'라는 지도를 받았던 아이들이 사회에 나가 당당하고, 신나고, 멋지고, 그리고 져주며 행복하게 살아가기를 기도한다.

(2016. 6. 1.)

도대체 명당은 있는 걸까?

남편은 천주교 신자면서도 조부모님 묏자리가 명당이라는 부모님의 말씀을 듣더니 그런 일에 많은 관심을 두게 되었다. 그러다 묏자리 일을 하는 교우를 만난 뒤부터 좋은 묏자리를 찾으려고 애썼다. 항상 부모님 묘가 습한 곳에 있어서 큰 걱정이라더니 큰댁 선산에 괜찮은 자리가 있다며 사촌 형님께 그 자리를 달라며 여러 차례 간곡히 부탁을 드렸다. 그러더니 묏자리를 옮기도록 겨우 승낙을 받아냈다.

남편은 부모님 묘를 이장하게 되면 묘 자릿값을 형님께 드리고, 또 앞으로 선산은 자신이 잘 관리하겠다고 말했다. 정읍시 입암면 차단마을에 큰댁 선산이 있는데 그 규모가 2정보쯤 되었다. 남편은 날을 받아 그 교우 분에게 부모님 묘 이장을 부탁했다. 그런데 이게 웬일인가? 남편이 자리를 비운 사이 한자리에 두 분을 합장하려고 했던 것을, 서방님과 교우 분이 가묘를 포함, 시부모님 세 분의 묘를 써 놓은 것이다. 그분은 남편을 배려한답시고 미리 가묘까지 만들어 일을 마무리해 놓은 것이었다. 남편은 며칠 뒤 서울에 올라가 형님께 사정을 말씀드리고 돈도 드리기로 작정하고 그대로 마무리를 지었다.

그런데 묘하게도 그날 밤 서울 큰댁 형님 꿈에 나란히 써놓은 묘 세 자리가 뚜렷이 보인다며 시아주버님께 정읍에 한 번 내려 가 보라고 하더란다. 그래서 시 아주버님께서 곧바로 정읍에 내려오셨다. 그랬더니, 꿈과 똑같이 묘 세 자리를 써놓았다며 남편 직장으로 찾아가 버럭 화를 내셨단다. 그러면서 남편에게 곧바로 다른 곳으로 옮기라며 올라가셨다. 기이하게도 그 꿈이 딱 맞아떨어졌고, 이에 성질이 급하신 시아주버님은 참지 못하고 화를 버럭 내신 것이다.

우리는 서둘러 묏자리를 다른 곳으로 옮겼다. 그리고 그 뒤로 큰댁과 우리는 한동안 서로 발길을 끊었다. 도리를 지키기 위해서 겨우 애경사가 있을 때만 오갔을 뿐이다. 남편이 잘못했다고 말씀드렸지만 큰시아주버님은 한동안 화가 덜 풀린 모양이었다.

어느 때인가 "사람이 숲에 잠시 머물다 와도 사람으로서 숲과 만남 뒤에 오는 이별의 아쉬움이 있다. 또 침묵하는 듯 보이는 생명체도 바람에 스치는 순간의 부딪힘을 잊지 못하는 아쉬움이 있다."라고 했던 어떤 문인의 이야기가 문득 떠올랐다.

근일은 남자가 하지만 잔잔한 일들은 오히려 소리 없이 여자가 뒤에서 지혜롭게 하면 좋을 것 같아서, 이런 상황에서 나의 역할이 무엇일까 생각을 해보았다. 나는 '마음을 다하면 모든 것들이 서로 잘 풀리게 될 것이다.'라는 생각을 하며 진심으로 빌어 보기도 하고, 큰댁의 합동 제사가 돌아오면 기회가 이때다 싶어 봉투에 제사 비용을 능준하게 챙겨 형님 손에 드렸다. 처음에 사양하시더니 나중에는 받아주어 매우 감사했다. 그리고 시아주버님의 간식도 가끔 택배로 보내드리고 이사하신 주소를 기어이 알아내어 축하 화분을 보내드렸다. 어느 날은 인삼 감자를 잘 가꾸어 한 박스 넉넉하게 보내드렸다. 그 물건을 받고서도 원래 성격이 무심한 터라 말씀이 없으셨다. 그럴 때마다 성격이 그러려니 하고 이해하려고 노력했다. 그리고 안부 전화도 가끔 드렸다. 시아주버님의 큰딸이 화장품을 사달라고 이야기하기에 화장품도 가끔 사주었다. 나는 항상 몸을 낮추고 내 도리만 다하면 된다고 생각으로 무엇이나 진심을 담아 행동했다. 그러다가 내가 몸이 건강치 못해서 근래에는 합동 제사에 참석도 못 하고 전화만 드렸다. 참석하지 못하니 아주 죄송스러웠다. 그러면서 10여 년이란 세월이 흘렀다.

올해 5월 어느 날이었다. 남편을 만난 서울 큰형님께서 우리 부부와 식사를 하자고 하셨단다. 우리는 한정식집에다 미리 부탁드리고 우리가 점심을 대접하기로 마음먹었다. 그런데 웬일인가! 시아주버님께서 식사비를 내신다고 하신다. 그리고 그 뒤에 남편에게 적지 않은 돈을 주셨다. 느닷없는 돈도 주시고 밥도 사 주시며 거기에 덧붙여 부모님 산소를 이장하라고 한 것에 대해 남편에게 미안하다며 사과까지 하셨다. 그런 모든 상황이 꼭 드라마 한 편을 보는 듯했다.

이 모든 것이 진심인 것 같아서 서로 화해하는 것으로 받아들이고 앞으로 의좋게 살기로 다짐했다. 평소에 칭찬에 너무도 인색하신 분이 제수인 나를 많이 칭찬하셨다고 하니 기쁜 마음 무어라 형언할 수 없이 좋았다.

그렇게라도 그분께 인정받고 싶은 마음이 조금은 충족된 듯했다. '그동안에 내가 한 일들이 헛일이 아니었구나!'라는 생각을 했다. 그리고 무엇보다 남편이 나더러 당신은 우리 친지들의 화목을 위하여 그 누구보다도 큰 역할을 했다며 칭찬을 아끼지 않았다. 하느님은 이 모든 문제를 물이 흐르듯이 해결해 주셨다. 내가 결혼을 한 뒤에 많은 일을 했건만 아무도 알아주지 않아 매우 섭섭했는데 지금은 남편은 물론 시아주버니까지 그렇게 인정해주셨다고 하니, 앞으로는 누가 알아주지 않더라도 모든 일을 열심히 돕고 적극적으로 협조해야겠다.

도대체 명당은 있는 걸까? '묏자리가 어느 곳이든 후손들이 조상들의 모범을 이어받아 건강하고 서로 화목하게 잘 살려고 노력할 때 우리들의 마음 안, 바로 그곳이 바로 명당이 아닐까.' 하고 생각을 해본다. 숨은 적선, 진실한 충고, 따스한 격려의 말을 남기고 잘 살다 가신 조상님들의 모든 것이 언제까지나 잔잔히 남아있게 될 것이니까.

(2016. 7. 8.)

돈이 그렇게도 좋은 것인가?

돈이 싫다고 말하는 이가 이 세상에 있을까. 돈을 많이 갖고 싶어 하는 욕망은 누구나 다 있을 것 같다는 생각이 든다. 그러나 요즈음 방송에서 돈이 너무 많은 것 때문에 고통을 당하는 사람들의 소식이 심심치 않게 들려온다.

내 친구 먼 친척 중에도 그런 일이 있음을 얼마 전에 듣게 되었다. 돈이 없어서만 싸우는 줄 알았는데 그분들은 돈이 많아서 싸운다니 정말 안타깝다. 피나는 노력을 하여 번 돈 때문에 속이 많이 상하고, 거기다가 불명예스러운 일까지 당하다니 정말 억울하겠다. 그분들은 우리들에 비하면 돈이 아주 많은 부자이다. 젊었을 때 제대로 쉬지도 못하고 열심히 일하여 재산을 모았는데, 그것을 자식들이 알아주지 않고 조금이라도 부모님의 재산을 더 받기 위해, 욕심을 부리고 있다니 이해가 안 된다. 그러니까 선진국 사람들처럼 돈이 여유가 있을 적에 국가나 사회에 전부 기부하면, 국가가 다 알아서 국민을 행복하게 해줄 텐데….

국가 정책부터 그렇게 된다면 우리 국민도 아예 부모님의 재산을 욕심내지 않고, 자기 스스로 벌어서 쓴다면 아무 문제가 생기지 않고 오히려 자립심이 생길 텐데. 우리나라 부모들은 조금이라도 더 많이 남겨주려고 정신이 없으니 답답하기만 할 뿐이다.

언젠가 평화 방송에 나온 황창현 신부님께서 '돈은 열심히 벌어서 실컷 쓰고, 죽을 때가 다가오면 장례비용 500만 원만 통장에 남겨두어라.'라며 아주 재미있고 의미가 있는 강의를 하셨던 기억이 새롭다.

우리가 돈을 벌면 건강할 때 많이 즐겨 쓰고 베풀며 살아야 하는데, 남편도 말은 그렇게 하면서 막상 돈을 소비하려고 하면 돈 걱정부터 하는 눈치다. 몸에 배어 있는 절약하는 습관 때문에 불안해서 안 되는가 보다.

우리 부부의 삶은 다른 집과 조금은 다르다. 여자인 나는 미래의 삶보다 현재의 삶에 무게를 두고 살려고 한다. 미래에 내가 어떤 상황이 될 줄 모르니 내가 건강하게 사는 동안에 어느 정도는 즐기면서 살고 싶은데, 남편은 정반대로 미래의 생활이 더 중요한 모양이다. 나를 이해하지 못하고 내 마음을 가끔 언짢게 하더니만, 요사이 내 친구 먼 친척 이야기를 듣고 난 뒤부터는 이제까지의 생각과 많이 달라진 눈치다. 우리 시어머니(생모)께서는 남편의 인생관과는 정반대로 모든 것은 나에게 전부 미루어 버리고, 며느리를 얻은 뒤부터(53세) 놀러 다닌다고만 하셨다. 그래서 그분의 십자가까지 내가 다 짊어지고 산다는 생각이 들었다. 남편은 효자가 되는 것을 최우선으로 생각하며 살기 때문에, 아내의 입장은 전혀 생각하지 않고 일을 싫어하는 어머니께 효도만 해야 한다니, 이해하기 어려웠지만 내가 양보할 수밖에 없었다. 효도도 하고 어머니에게 낙천적으로 사는 법을 배웠더라면 얼마나 좋을까?

남편 친구 중 J라는 분은 지금부터 20여 년 전에 복권 일억 원이 당첨되었는데, 그의 부인은 그날 저녁부터 강도들이 나타날까 봐 가슴이 두근두근하여, 잠이 잘 안 오는 증상이 생겼다고 한다. 그래서 한약을 몇 재 지어다 먹고서야 나아졌다고 한다.

복권 때문에 신세가 망쳤다는 사례도 많다고 들었다. 그리고 고급 차나 명품 가방을 가지고 다니는 부잣집 여자들을 노리는 강도가 얼마나 많다고 하던가. 밤늦게 과음을 하고 귀가하는 사람을 미리 보아두었다가 그 사람을 표적 삼아, 아무도 없는 주차장에서 그에게 별짓을 다 한들 누가 도와주겠는가? 뉴스를 들으면 그런 사례가 한두 건이 아닌 것 같다.

그러나 필요한 만큼 돈은 넉넉하게 가지고 있어야 할 것 같다. 돈이 없다면 당장에 의식주를 해결하지 못하고, 남 앞에서 기를 펴지 못하고 살아야 하니 어느 정도 돈을 벌어야 한다. 요사이 돈 벌기가 참으로 어려운 시대지만, 마쓰시타 고노스케의 말처럼 노력만 한다면 불가능한 일만은 아닐 것이다.

남이 하지 못하는 기발한 생각이 떠오르게 되면, 세밀히 검토하고 차근차근 경험을 쌓아서 도전해 볼 일이다. 그리고 누군가 하기 싫어하는 직업이나 일일지라도 꾸준히 인내하며 일하고, 검소하게 생활하면서 나이 들어서는 여유 있는 삶을 살도록 준비해 나간다면 바람직할 것이다.

선진국에서는 젊었을 때 부지런히 일하여 벌고 검소한 생활을 하는 분위기가 되어 있어서 참 좋을 것 같다. 그래서 그들은 젊어서 감히 고급식당에서 음식을 사 먹지 않고, 간단하게 우유와 빵으로 끼니를 해결하며 복장은 간편하게 청바지 차림을 하고 다닌다고 한다. 그러다가, 나이가 들면 마음껏 여행도 하고 여가를 즐기면서 산다고 들었다. 그러므로 돈은 꼭 적당하게 남에게 신세를 지지 않을 정도로 모으고 이웃에게 베풀며 살겠다는 생각으로 살면 좋을 것 같다. '값어치 있게 쓸 수 있는 돈'이라야 비로소 돈은 좋은 것이라고 말할 수 있을 것이다.

(2017. 6. 8.)

매듭을 풀며 사는 인생

남편은 뒤 베란다에서 쌀 포대 매듭을 풀기 위해 안간힘을 쓰고 있다. 포대 속에는 우리의 끼니를 해결해 줄 쌀이 가득 들어 있어 조심해서 풀어야만 한다. 이런 경우에는 설령 매듭을 풀지 못한다 해도 큰 어려움은 없다. 그런데 위험을 안은 작업 중이거나, 산악등반 중에 매듭을 풀지 못하면 큰 난관에 봉착할 수 있다.

결혼하기 일 년 전 무렵이다. 마당에는 깨끗하게 빨아놓은 옷들이 빨랫줄에서 허수아비처럼 너울거렸다. 바람이 옷들과 장난이라도 하려는지 세차게 남쪽에서 불어오다가, 서쪽에서 불어오는가 하면, 다시 북쪽에서 불며 정신을 차릴 수가 없었다. 그러더니 빨랫줄을 받쳐주던 대나무가 그만 토라졌는지 아니면 무거움을 견디지 못해서인지 그 자리에서 쓰러져버리고 말았다. 나는 얼른 대나무를 곧추세우고 끈으로 매듭을 한 다음 다시 빨래를 나란히 널어 말렸다. 매듭법을 알기에 그런 어려움을 버텨내며 빨래를 말릴 수 있었다.

나는 결혼을 한 뒤에 그동안 시댁과 원만하게 지내기 위하여 무던히도 노력했다. 교우들이나 동창생 그리고 친정 식구들과도 마찬가지이다. 사이가 조금 멀어진 시동생이 있으면 그 시동생에게 더욱 진심으로 대하고 교우나 친지들에게도 그리했다. 한 시동생과 원만하게 지내면 다른 시동생과 사이가 나빠지는 경우가 있었고, 그 시동생과 원만해지면 다른 시동생과 문제가 생길 때도 있었다. 또 친정 올케, 여동생과도 사이가 좋았다 나빠지는 경우도 있었다.

자동차를 운전하는데 나만 잘한다고 사고가 안 나는 게 아니다. 상대방으로 인해 사고가 나는 경우도 종종 있다. 인간관계도 마찬가지인 것 같다. 내가 성심을 다해 잘한다 해도 상대방이 나를 달갑게 여기지 않는 경우도 있었다. 때로는 내가 말을 잘못하여 사이가 나빠지기도 했다. 곰곰 생각해 보면 사람들의 관계가 대부분은 사람들 사이의 매듭이 잘 풀리지 않아서 그런다는 것을 깨닫는다.

나에게 가장 잘 풀리지 않았던 매듭은 무엇일까? 남편보다 두 살 아래인 시동생과의 관계였던 것 같다. 결혼해 일찍 혼자가 되니 시동생은 여러 가지로 스트레스가 많은 것 같다. 시동생은 일이 그리되어서 그런지 항상 무뚝뚝하고, 나 역시 애교가 없어서 그저 무덤덤하게 지냈다. 언젠가 시동생이 나에게

"내 친구들의 형수들은 장난도 하면서 재미있게 사는데 왜 우리는 왜 그러질 못하지요?"

라고 마치 내게 원인이 있는 듯 말을 했다.

그래서 나는 그 뒤부터 말보다 행동으로 더 노력을 했다. 불고기나 삼겹살을 사다 주거나, 생일날을 맞이할 때마다 옷을 사서 선물하였다. 또 조카들에게 과일과 상품권을 보내주고, 압력밥솥을 선물하기도

했다. 치질 수술을 했다는 이야기를 듣고 수술비 전액을 지불하였고, 우리 부부가 퇴직할 때마다 고급양복을 맞추어 주었다. 명절 때는 사돈댁인 제주도에서 귤과 소고기를 보내오면 소담하게 나누어 먹고, 생일날에는 시동생 식구를 불러 식사를 하고, 새사람을 들였다는 소식에 두 사람을 초대하여 음식 대접을 하였고, 보증을 서 주는 등 내 생각으로는 성의를 다했다.

어느 날이었다. 우리 집에 식사하러 온 습습한 시동생에게

"서방님! 머리를 검게 물을 들이니 10년이나 더 젊게 보이네요."

라며 덕담을 해주었다. 그런데 그런 말을 하면 보통 사람들은 '감사합니다' 아니면, '기분이 좋네요.' 하고 말할 것 같은데, 그저 아무 대꾸도 하지 않으니 분위가 썰렁해졌다. 한두 번도 아니고 여러 차례 그랬다. 그래서 나는 시동생에게 웃으며

"언제는 다른 사람들을 부러워한다기에 나도 일부러 아낌없이 덕담도 해 봐도 반응이 없이 분위기가 썰렁하니 어디 되겠어요?"

라고 다그쳐 말했더니, 아무 말도 하지 못했다.

그 뒤로 호칭을 바꾸어 보았다. '고 사장님'이라고 불러주었더니 그때는 얼굴이 보름달처럼 환하게 밝아졌다. 역시 남자들은 사회적 욕구가 충족되지 않아서 그랬다는 것을 깨닫고 그 뒤로 항상 '고 사장님'이라고 칭한다. 여자들은 아무리 나이를 먹어도 아름다워지려는 욕구가 있는데 남자들은 조금 성향이 다르다는 것을 깨닫게 되었다.

내 여동생에 대한 이야기다. 동생도 혼자서 두 아이를 기르느라 고생이 많다. 그래서 여러 가지로 스트레스를 많이 받으며 사는 것 같다.

나는 애면글면하며 사는 내 여동생에게 생일 챙기기, 과일이나 김치 보내기, 조카들 졸업선물 챙기기 등등 여러 가지로 정성을 다해도 그저 고맙다고 하지만 진심이 느껴지는 말투가 아닌 것 같다. 안부 전화도 이따금 내가 하지 동생이 내게 해본 적이 거의 없다.

그런데 어느 날은 내가 깨끔한 여동생에게

"네가 아직 젊은데 혼자 사는 것이 매우 아깝구나!"라고 하면서

"남자 친구를 사귀어 행복하게 지냈으면 참 좋겠구나."

하고 말했더니 그때야

"나의 속마음을 알아주는 사람은 언니뿐이에요."

라고 하면서 매우 고맙다고 했다.

이렇듯 우리의 삶에서 거미줄처럼 복잡하게 얽힌 사람들의 이해관계나 사람들 사이의 서로 헝클어진 매듭을 풀어가려고 노력하며 사는 게 곧 인생살이가 아닌가 싶다. 이런 매듭의 실마리를 어떻게 풀어가느냐에 따라서 행복과 불행이 결정된다는 생각이 든다. 이 얽힌 매듭을 '내 탓이요.'라는 자세로 풀어나가야 그 매듭은 쉽게 풀리지 않을까? 불행과 실패도 내 탓이오, 가난과 좌절도 내 탓이요, 나쁜 관계도 내 탓이라고 생각하면서 매듭을 풀려고 노력해야 할 것이다. 남의 탓으로 돌리려고 하면 매듭을 푸는 일은 요원해질 뿐이다. 나 자신을 알고 상대방을 이해하고자 노력한다면 얽히고설킨 인생의 매듭은 오히려 더 쉽게 풀어나갈 수 있지 않을까?

(2019. 2. 13.)

부부가 만들어가야 할 좋은 식습관

내가 우리 손녀 나이만큼이나 어렸던 시절의 일이 떠오른다. 둘째 고모님이 자주 하시던 이야기가 잊히지 않는다. 부모님께서 아들을 많이 두시어 동네 사람들은 우리 집을 아주 복 받은 집이라 했단다. 그래서 어머니는 시댁 어른들의 사랑을 많이 받으셨다고 한다. 어머니는 아들 일곱을 낳으셨는데 셋은 홍역으로 잃으셨다. 어린 시절, 내 바로 아래 남동생이 죽었다고 어머니가 우시던 모습이 어렴풋이 기억난다. 내 위로 세 아이를 잃으신 어머니는 또 자식을 잃을까 봐 마을 앞 벌판을 약 5Km지나, 냇가 건너편에 있는 '장동마을' 무당에게 "이번에도 아이를 낳으면 또 죽겠냐?"고 물으셨다고 한다.

무당이 딸이면 산다고 하기에 우리 부모님은 딸이기를 빌고 또 빌었단다. 아마도 우리 어머니 소원을 이루어지려고 내가 태어난 것 같다. 어머니는 내가 딸이지만 안심할 수가 없어서 조심조심하며 나를 키웠다고 하셨다. 양식은 넉넉해 외갓집에서 외사촌 언니를 데려와 나를 보살피도록 했단다.

아버지는 동네 이장을 맡아 우리 문간채에는 마을에서 거두어들인 조와 수수포대를 높이 쌓아 두었다. 그런데 어느 날, 내가 그곳에서 놀다가 포대들이 무너져 버렸다. 그래서 어른들이 나를 찾아보았으나 아무리 찾아보아도 보이질 않았다고 한다. 그래서 부리나케 포대들을 치우고 살펴보니 포대와 포대 사이에 있는 틈새에 내가 있더란다. 그런데 아무 데도 다친 곳이 없어서 나를 돌보던 외사촌 언니가 걱정을 안 해도 되었단다. '어머니는 이번에도 또 자식을 잃는 것이 아닌가.' 하고 걱정을 많이 했는데, 무사하니 나를 붙잡고 기쁨의 눈물을 한참 동안 흘렸다고 한다.

그런 뒤 어느 날, 또 언니가 나를 보고 있는데 잠깐 깜박하는 사이에 내가 사라져 버렸다. 그날은 장성 황룡 5일장이었는데, 나는 장에 가는 어른들 뒤를 쫓아서 3km가량을 옷을 하나도 걸치지 않은 채 따라갔단다. 언니에 따르면, 나는 나룻배 타는 곳에서 나무 기둥을 잡고 빙빙 돌고 있다가 동네 아는 어른을 만나자 펑펑 울었다고 한다. 두려움도 없이 어린애가 그렇게 멀리 간 것이다. 신발도 없이 자갈길을 가느라 얼마나 발이 아팠겠나 싶다. 당시 우리가 사는 마을은 '육지 속의 섬'이라고 할 정도로 황룡강 물줄기가 가로막고 있어서 읍내를 가려면 나룻배를 타고 가야만 했다.

나도 그 배를 타고 중 · 고등학교를 다녔는데, 홍수가 나는 날이면 위험을 무릅쓰고 결석을 하지 않기 위해 학교에 가곤 하였다. 지금 생각하면 너무 안전은 생각하지 않고 결석만 하지 않으려고 애를 썼던 것 같다.

그때 있었던 이야기를 하면, 남편은 "여자애가 부끄럼도 없이 옷

하나 걸치지 않고 그렇게 큰길을 걸어갔느냐?"며 짓궂게 놀린다. 또 남편이 자신이 아주 귀한 아이로 태어났다고 말하면 나도 당신 못지않게 귀한 딸이었다고 반박한다.

우리 부모님은 내가 음식을 골고루 먹도록 가르쳤어야 했는데 귀한 아이이다 보니 고기를 싫어하는 내 뜻대로 온갖 비위를 다 맞추어 주셨다. 엄하게 가르치셨더라면 편식하지 않고 오히려 건강하게 성장했을 텐데 말이다. 어느 때인가는 무심코 닭들이 모이 먹는 모습을 보다가 닭이 지렁이를 먹고 있는 모습을 보고 더러워서 그 뒤부터는 닭고기를 먹지 않았다. 하지만 어머니께서 정성들여 닭을 푹 고아서 주시면 할 수 없이 먹어야만 했다. 그러다가 중학교에 다니면서부터는 무엇이든지 잘 먹기 시작했다. 진즉 그렇게 편식을 하지 않았더라면 키 작다는 소리는 듣지 않았을 것이다. 그 당시 남의 집 음식은 개운치 않게 생각해 남의 집에 가서 음식을 먹지 않았다. 그래서 이렇게 허약하니 이제 와 누구를 탓하랴?

교사로 발령을 받은 뒤부터는 음식을 권할 때 안 먹으면 나만 손해일 것 같아서 더욱 적극적으로 먹었다. 식성도 우리 아버지처럼 담백한 음식이나 기름기가 적은 소고기 위주로 먹고 돼지고기는 사서 먹어 본 적이 없었다. 그런데 시집에서는 정반대로 돼지고기 위주로 음식을 만들어 먹었다. 남편은 제삿날까지도 심지어 돼지고기로 만든 김치찌개를 찾고 있으니 이해가 되지 않았다. 결혼한 뒤에 제사는 처음 몇 년 동안은 생生시어머니께서 지내시더니 내게 묻지도 않으시고 큰아들인 우리 집에서 제사를 지내야 한다며 그 책임을 넘겨주셨다.

하지만 안 한다고 할 수도 없고 해서 나는 먼저 메모장에다 제사 때에 준비해야 할 음식의 메뉴를 조사했다. 그런 뒤에 좋은 식자재를 사 제사를 지내려고 마음먹고 준비를 했다. 소고기로 불고기, 갈비, 소고기뭇국을 정성을 다해서 준비하여 놓으니까 막내 동서는 "우리 형님은 비싼 소고기만 사서 음식을 하니까 아주 좋다."고 하며 좋아했다. 음식은 전업주부인 막내 동서가 주로 많이 하였다. 그런데 제사를 정성껏 지내고 식사를 하려고 하는 순간 남편이 버럭 화를 냈다. 돼지고기 김치찌개가 없다는 것이다. 그래서 나와 막내 시누이는 얼른 돼지고기를 꺼내어서 김치찌개를 끓여 주었다. 그렇게 철이 안 들었나 싶어 심히 걱정되었다.

남편은 요사이 예전과는 달리 생각이 바뀌었다. 내가 음식을 골고루 먹는 모습을 보고 흐뭇해하며 어떻게 해서라도 여러 가지를 먹이려 애쓰고 또 권하니 아주 고맙다. 처음 부부로 만났을 때는 두 사람이 완전히 다른 식성을 가지고 있었다. 처음에는 서로 달라 적응이 잘 안 되었고 또 불평도 뒤따랐다. 어느 사인가 우리는 식성이 비슷해졌다. 지금까지 꾸준히 서로의 좋은 식습관을 따르며 건강에 좋은 식습관을 만들려고 노력해왔다고 생각한다. 그 결과 이만큼의 건강을 누리고 있다는 생각이 들어, 내 뜻을 따라준 남편에게 감사하고 싶다.

(2016. 6. 13.)

설렘 반 걱정 반

미사를 마치고 우리 부부의 발걸음은 정읍남초등학교 가까이에 있는 텃밭으로 향했다. 해마다 우리에게 무공해 반찬을 제공해주는 텃밭에도 온갖 생명이 우두둑우두둑 손마디를 풀고 있다. 특히 내가 좋아하는 두릅나무가 세상 구경을 어서 빨리하고 싶다는 듯 가지마다 기지개를 켜고 있다. 사포닌이 많아 혈액순환에 좋다고 해서 두릅나무의 새순을 자주 애용하고 있다. 그래서 그런지 나는 텃밭에 가면 두릅나무의 안부부터 살핀 뒤에 다른 일을 한다. 두릅은 약간 쓴맛이 나기는 하나 오히려 그 맛이 입맛을 돋게 한다. 두릅나무가 조금만 참아달라고 내게 속삭이는 것 같다. 그때까지 꾹 참고 기다려야겠다.

오늘 마음먹고 남편의 입맛을 돋게 하려고 봄동과 돌산갓을 뜯으러 텃밭으로 향했으나, 텃밭에 봄동은 보이지 않고 돌산갓만 드문드문 눈에 띄었다. 돌산갓은 남편의 나에 대한 배려가 담긴 선물이다. 나는 평소 그것이 소화에 많은 도움이 되기에 아주 좋아한다. 별수 없이 돌산갓만 뜯어서 차에 실었다. 봄동은 그 부근 텃밭에 있어서 유심히 살펴보았더니, 그것은 마치 식탁에다 상보를 펴서 깔아 놓은 것처럼,

땅바닥에 바싹 엎드려 있다. 그 모습이 때늦은 추위 속에서도 애써 푸름을 꿋꿋하게 지켜내려는 듯 끙끙거리고 있었다. 세찬 바람을 피하며 가끔 내리쬐는 햇볕을 갈구하고 있지 않나 싶었다.

봄동은 가까운 마트에 가서 사는 수밖에 없었다. 마트 안에 나와 있는 봄동은 잎이 옆으로 펑퍼짐하게 퍼져 나이 지긋한 아줌마 엉덩이처럼 보이기도 했다. 하기야 겨우내 얼었다 녹았다를 반복하며 노지에서 한뎃잠을 자며 지냈으니 오죽하랴. 그래서 겨우살이라 부르기도 한다. 봄동은 난쟁이처럼 생겼어도 입맛을 돋우는 데는 으뜸이다. 봄동과 돌산갓을 잘 손질하여 간장 조금, 들기름 몇 방울, 다진 마늘, 깨소금, 다진 파, 고춧가루, 매실 액을 약간 넣어 겉절이를 해 놓았더니 아삭! 아삭! 입 안 가득 퍼지는 그 연한 봄 냄새가 너무 좋다. 달짝지근하여 입맛에 제격인지 남편의 얼굴에 환한 모습이 드러난다.

며칠 전 정읍사공원에서 산책을 즐기고 있는데, 그 추운 겨울 한파를 이겨내고 꿋꿋이 버티고 있는 토종 갓이 눈에 띄었다. 어느 누가 심지도 돌보지도 않았을 텐데 참으로 대단한 끈질김이다. 어디서 왔을지 모를 씨앗 하나가 싹을 틔워, 모진 한겨울을 이겨내기 위하여 땅바닥에 바짝 엎드려져 있는 모습에서 참으로 생명의 신비롭고 위대함마저 느끼게 했다. 그 모습이 마치 전쟁터에서 적의 총탄을 피하려고 땅에 바짝 엎드린 병사의 모습과 똑같이 보였다.

나는 어린 시절 멀리 학교에 다닐 때 추운 겨울 세차게 불어오는 소소리바람을 조금이라도 피하고자, 남의 집 담장 옆에 바짝 달라붙어 웅크리며 햇볕을 쬐곤 하였었다. 매서운 추운 겨울을 이겨내는 저 토종 갓을 보면 그 생명력이 아주 대단하다는 것이 느껴진다. 곰곰 생각해 보니, 그 매서운 추위를 이겨낸 것을 먹으면 건강에 참 좋을 것 같다는 생각이 들었다. 아닌 게 아니라 그걸 먹었더니, 내 차가운 뱃속이 따뜻해지는 것 같아 참 좋았다. 그래서 나는 끼니때마다 돌산갓김치를 맛있게 담가 먹는다. 남편은 배추김치, 나는 돌산갓김치, 아들은 총각무김치를 좋아하니, 우리는 세 식구가 사는데도 각각 김치 종류가 다르다.

봄은 땅속에서 먼저 오는 것 같다. 입춘이 지나면 따사로운 햇볕으로 땅속은 아늑하고 포근해지리라. 봄동이나 갓, 냉이, 달래는 그 순하고 포근해진 흙에 뿌리를 굳게 박고 새순을 틔우고 자란다. 그러면 개집에서 웅크리고 있던 풍산개도 주춤주춤 들판에 나가서 잡초를 뜯어 먹는다. 개도 이렇게 해서 영양을 보충하는가 보다. 어느 날 방송을 들어보니, 동물도 식물의 잎을 뜯어 먹는 것을 보면, 잎 속의 칼슘이나 철분이 그들의 몸에서 필요하기 때문에 저절로 당겨서 먹는다고 한다. 오리 · 닭도 영양을 보충하려고 풀잎이나 채소를 뜯어 먹는 모습을 자주 본다. 우리 주위를 살펴보면 많은 것들이 참으로 신비스러울 뿐이다.

나는 봄이 오면 설레기도 하지만 한편으로는 두렵다. 왜냐면 봄은 나에게 미소를 지으며 반가운 모습으로 찾아오는데, 나는 옷차림부터 향기 그윽한 고운 옷으로 차려입지 못하고, 에스키모인처럼 두꺼운 겨울 옷차림으로 그를 맞을 수밖에 없으니 말이다. 다른 사람들처럼 고운 옷차림을 하였다가는 당상 감기란 놈이 나를 그냥 내버려 두지 않는다. 사람들은 봄이 오면 무척 설레는 모습이지만, 나는 오히려 걱정이 앞선다. 초여름 무렵이 되어서야 비로소 내 모습에서는 봄의 빛깔이 겨우

드러난다. 하지만 온갖 만물이 기지개를 켜며 약동하는 봄의 대향연은 겨우내 움츠러들었던 우리 모두에게 새로운 꿈과 희망을 선사하는 큰 선물이 아닐 수 없다.

(2017. 12. 13.)

고맙구나, 엉겅퀴야

엉겅퀴는 주로 들길 주변에 서식하고 있다. 효능은 정력 보강에 좋고 가시가 많아 가시 나물이라 부르기도 한다. 나는 나물로는 한 번도 먹어본 적이 없다. 우리 가족은 아파트에서 그리 멀지 않은 송산동까지 걷기 운동을 해오고 있다. 그곳은 산기슭에 자리하고 있고, 마을 앞에는 논이 있어서 공기도 맑고 비교적 한가한 곳이라서 걷기에도 불편함이 없다. 어느 겨울날, 그곳을 향해 걸어가고 있는데 찬바람이 세차게 불고 함박눈이 펄펄 내렸다. 그런 날씨인데도, 길가에는 푸르름을 잃지 않고 있는 잡초들이 여기저기에서 몸을 웅크린 채로 꿋꿋이 추위를 이겨내며 서 있었다. 민들레, 냉이, 쑥, 씀바귀, 질경이, 엉겅퀴들이다.

그들 가운데 키가 큰 엉겅퀴는 꽃망울과 씨앗을 품에 안은 채 서 있는 게 아닌가. 본래의 보라색이나 노란색의 꽃은 보이지 않고 매서운 추위 때문인지 누르스름하게 지친 모습으로서 있었다. 어쩐지 처량해 보이지만 그래도 이 겨울에 그 모습을 보여줄 수 있다니 대단하다는 생각이 들었다. 본래 엉겅퀴는 바람에 의해 수정이 되는 풍매화風媒

花다. 그리고 가시가 많고 줄기나 잎, 도톰한 꽃이 어딘지 모르게 무게감 있어 보이는 것과는 달리, 씨앗은 몸이 가벼워질 대로 가벼워지면 바람에 자신을 내맡겨 자손을 퍼뜨린다. 잎은 누가 꺾을까 봐 많은 가시로 무장하고, 6~8월에 피기 시작하여 가을이 다할 때까지 내내 피고 지기를 반복한다. 어떤 놈은 오늘의 저 꽃처럼 북풍한설에도 어디 한번 추위와 맞서보자며 버티고 꽃을 피운다.

그 뒤 햇빛이 쨍쨍 내리던 어느 날, 그곳을 향해 은빛 새하얀 눈길 위를 사각사각 걷고 있었다. 그런데 엉겅퀴가 나를 보더니 미소 지으며 반기는 게 아닌가. 듬뿍 쌓인 눈 속에 묻혀서 꽃받침 위로 얼굴을 살포시 내밀고서 나를 보려고 애를 쓰는 모습이 애틋해 보였다. 그리고 윙크라도 하려는 듯 정감 있게 느껴졌다. 나도 반가운 마음으로 눈 속에 묻혀 있던 엉겅퀴에 다가가 조심스럽게 눈을 털어주었다. 그랬더니 엉겅퀴가 내게 고맙다며 활짝 웃음 짓는 것 같다.

일요일인 바로 다음 날은 바람이 아주 세차게 불었다. 남편은 날씨가 추우니 운동을 방안에서 하는 게 좋겠다며 밖으로 나가려는 나를 말렸다. 그런데 나는 앞으로 날씨가 더 추워지면 밖에 나갈 수 없다며 기어이 정읍사공원 쪽으로 가 한 시간가량 그 주변을 걸었다. 추운 날씨에도 날이 맑아 그런지 따뜻하고 기분이 상쾌했다. 운동을 마치고 돌아오는 길에 나는 길가 어느 집 처마 밑에서 그다지 예쁘지는 않지만 싱그러움을 잃지 않은 한 포기 엉겅퀴를 만날 수 있었다. 나는 반가운 마음으로 그 자리에 쭈그리고 앉아 그 모습을 찬찬히 들여다보았다. 그런데 요놈은 송산동에서 보았던 놈보다는 꽃씨를 많이 품 안에

안고 있지 않은가! 하찮은 듯 보이지만 엉겅퀴는 대단한 생명력을 지니고 있음을 보고 다시 한 번 놀랐다.

내가 어렸을 적에 신경통으로 고생하시던 어머니는, 엉겅퀴 즉 대계大薊를 한 광주리씩 뽑아다가 식혜나 술을 담갔다가 발효가 되면 약으로 드셨다. 어머니가 맛을 보라며 주시기에 마셔보니 약간 쓴맛이 났던 기억이 난다. 그때 나는 무심코 엉겅퀴를 만지다가 가시에 찔려서 혼이 났었다. 그 뒤부터는 나는 꽃만 감상하고 줄기와 잎은 만지지 않으려 조심했다.

엉겅퀴뿐만이 아니라 많은 식물이 자신을 지켜내기 위하여 몸에 가시나 독극물을 갖는다고 한다. 장미꽃처럼 꽃이 아름다울수록 가시가 더 억센 것을 보면, 모든 생명체는 본능적으로 자기방어 기제를 가지고 사는 것 같다. 엉겅퀴는 '밀크 씨슬(간영양제)'로 알려져 있다. 실리마린(Silymarin) 밀크 씨슬은 간 기능을 살리는 치료제로 특급 식품이며, 실리 비신 이라는 성분이 암 예방과 암 치료에 이용되는데 잘 말린 뿌리와 잎을 달여서 차로도 복용한단다. 그 밖에도 관절염, 신경통, 혈액순환에 좋다고 한다. 혈액순환에 좋다고 하니 나도 엉겅퀴 차를 마셔봐야겠다.

엉겅퀴는 스코틀랜드의 국화國花이기도 하다. 먼 옛날 덴마크가 스코틀랜드를 침략했을 때, 덴마크의 한 병사가 맨발로 적의 동태를 살피러 몰래 가다가 엉겅퀴를 밟고 아파서 '앗!' 하고 소리를 지르게 되었단다. 그 바람에 그 병사는 잡혔고, 스코틀랜드를 침략하려던 계획도 무산되고 말았다. 그 뒤, 스코틀랜드 왕은 엉겅퀴가 나라를 구한 꽃이라 하여 국화로 정했단다.

내가 특별히 엉겅퀴를 좋아하는 이유는 꽃이 귀엽기도 하지만 신경통으로 고생하시던 우리 어머니를 고통에서 벗어날 수 있도록 해준 고마운 식물이기 때문이다. 그래서 엉겅퀴를 보게 되면 각별히 더 정이 가고 또 우리 어머니 생각이 난다.

(2017. 12. 13.)

용서와 행복

용서는 쉽게 할 수 있을 것 같지만 제대로 용서한다는 것은 아주 어려운 것 같다. 상대방을 용서한다는 것이 쉬운 일이 아님을 직접 경험해 보지 않는 사람은 잘 모른다. 그런데 용서를 하지 않으면 그 누구보다도 내 몸과 마음이 괴롭고 힘들어짐을 깨닫게 된다. 그래서 상대방을 위해서가 아니라 나 자신을 위해서라도 용서하지 않으면 안 된다.

우리 집은 시어머니가 두 분 계시고 거기다 남편과 생모는 아주 급한 성격이다. 그래서 그동안 나에게 많은 상처를 주었다. 그런 까닭에 마음이 소심한 나는 불면증과 소화불량이 오는 등 건강이 나빠짐을 깨닫고서 용서에 관한 책을 구해 읽어 보았다. 톨스토이의 ≪용서하기는 나를 위한 것≫이라는 책을 통해서 많은 것을 배웠다.

> 그대에게 잘못을 저지른 사람이 있거든 그가 누구이든 그것을 잊어버리고 용서하라. 그럴 때, 그대는 '용서한다는 것이 행복이란 것'을 알게 될 것이다. 우리에게는 남을 책망할 수 있는 권리가 없다.

수많은 사람과 관계를 맺으며 인생을 살아가는 동안, 우리는 상처를 주기도 하고, 때로는 상처를 받기도 한다. 대개 자신이 타인들에게 준 상처는 쉽게 잊어버려도, 남들에게서 받은 상처는 오래도록 기억한다. 상처의 깊이가 클 경우, 원한이나 미움, 증오, 복수심 등과 같은 이름으로 상흔이 남아 평생토록 나를 쫓아다니며 괴로움을 준다.

용서는 심지어 내가 상대방을 용서한다고 생각하고서도 쉽게 이루어지지 않는다. 말로는 모든 것을 용서한다고 하면서도 문득 상처를 준 사람을 미워하고 있을 때, 상처 받은 기억 때문에 아파하고 분노하면서 우리는 용서한다는 것이 얼마나 어려운 것인가를 깨닫게 된다.

생生시어머니를 이해하려고 스마트폰에 시어머니께서 나에게 잘해주신 일들을 기억을 더듬어 가며 하나하나 적어보았다. 내가 좋아하는 사과를 사주신 일, 그리고 아이들의 옷을 사 온 일, 그리고 내 용모가 귀엽다거나, 아들을 예쁘게 낳는다거나 또 부지런하다며 칭찬한 일 등 많이 있었다. 그런 생각을 자주 하다 보면 내 기분이 조금은 나아짐을 느낀다.

신성한 용서를 해야 과거에서 벗어날 수 있다. 누구나 자신에게 상처를 입히는 일이 일어나기를 원치 않는다. 과거의 일에 집착하면 현재에 집중할 수 없다. 누군가를 미워하는 데에 감정을 쏟아 부으면 마음에 여유가 사라진다. 용서는 과거에 갇혀있는 나를 꺼내 앞으로 나아가게 만든다.

늘 실수만 하고 사는 인생, 어찌 죄를 짓지 않고 살아갈 수 있으랴. 가깝게는 가정에서부터 멀리는 이웃들에게 생채기를 주기 마련이다.

내가 시부모님을 용서하지 않으면 내가 시동생들로부터 존경을 받는 것은 기대할 수조차 없다. 지금까지 시동생 교육비를 도맡고 결혼까지 시키며 부모님을 모셨다. 그렇지만, 저들이 그런 일들은 당연한 것으로 알고 현재의 내 행동을 이해하지 않고 불손하게 행동한다고 치자. 그러면 나와 우리 아이들에게 좋지 않은 영향을 준다는 것을 깨닫게 되고 그러면서 내 마음이 바뀐다. 또 시어머니의 입장으로 돌아가 생각해 본다. 그럴 때 마음이 내키지는 않지만, 용기를 내어 안부 전화도 하게 되고 생生시어머니 간식도 사다 드리게 된다.

용서하려면 용기가 필요하다. 엘 코르도 베스의 말처럼 '용기란 자기 자신을 굳게 믿는 것'이다. 그러나 아무도 그걸 가르쳐주진 않는다.

인생을 살아오는 동안 억울한 일도 많고 추억에 남을만한 사연도 많다. 오래도록 글쓰기를 반복하다 보면 한평생 지나간 세상살이 고인 앙금이 녹아날 것이다.

어느 신부님 말씀처럼 '똑같이 으르렁 대면 똑같은 사람이 되니까.' 한 단계를 뛰어넘어 생각하자. 같이 싸우면 아무리 인품이 좋은 사람이라도 똑같은 사람이 되어버린다. 무조건 한 단계를 뛰어넘어 보아야 한다. 그러면 100%는 아닐지라도 거의 용서가 되며 마음도 편안해지고 행복해짐을 느끼게 된다.

(2016. 6. 16.)

포기하다니

나는 어린 시절부터 내가 할 일은 미리미리 준비하는 습관이 있다. 누가 그리하라 해서 그런 것도 아니고 나 스스로 알아서 해온 것이다. 결혼한 뒤에도 내일 먹고 입을 것, 직장에서 필요한 것, 그리고 아이들과 우리 부부의 도시락 등 준비할 일이 얼마나 많던가? 내가 이런 것들을 준비하고 있는 동안, 남편은 차분히 TV를 시청하거나, 신문을 뒤지는 데 관심을 두지 집안일을 돕는 데는 전혀 관심이 없었다.

사람의 습관은 한번 몸에 배면 도무지 고치기가 힘든 것 같다. 왜냐면 내가 모든 것을 맡아서 하다 보니 남편이 할 일은 거의 없었다. 그래서 남편은 무슨 일이나 미리 준비하는 데에는 관심을 두지 않았다. 여행을 갈 경우에도 여행 전날이 되어서야 급하게 서둔다. 그래서 여행을 갈 때마다 남편이 준비해야 할 물건을 내가 모두 챙기곤 하였다. 늘 내가 준비하다 보니 남편은 해도 너무하는 것 같았다.

어느 해인가 터키, 그리스 여행을 떠나게 된 날이 바로 코앞인데도, 그는 태평하게 모든 것을 내게 미루는 것 같았다. 나는 이때 남편의 버릇을 고쳐보려고 피곤하다며 여행 준비를 하지 않고 지켜만 보았다.

그랬더니 그는 당황해하며 할 수 없이 여행 전날 저녁 늦은 시간에야, 내일 입을 점퍼를 사기 위해 옷가게를 다니느라 야단이었다. 가게는 거의 문이 닫혔고 시내는 한가로웠다. 점퍼를 사러 여기저기 헤매고 다니다가 마침 가게 하나가 문을 닫으려 하고 있었다. 그 가게에서 겨우 점퍼를 살 수 있었다. 점퍼가 썩 마음에 들지는 않지만 살 수밖에 별도리가 없었다.

태어나 처음으로 해외여행을 가게 되었을 때 필리핀에서 여행하는 동안 남편은 설사로 고생을 하였다. 물이 맞지 않아서였다. 그 뒤로 여행을 갈 때는 미리 정로환을 가져가 복용을 하니 문제가 되지 않았다. 그런 것은 시아버님도 그랬다던데 똑 닮았나 보다.

해방되자, 우리 땅을 자기 땅인 양 농사를 짓던 일본인들은 자기 나라로 도망가기에 바빴다. 우리 국민은 감격에 겨워 독립 만세를 부르며 자유를 되찾은 기쁨 속에서도, 이제 모든 것을 제자리로 돌려놓으려 힘썼다. 우리나라의 곡창지대인 호남평야 대부분을 차지하여 해마다 수많은 양곡을 수탈해가던 일본인들이 물러갔다. 한순간에 이 지역의 많은 농토가 주인 없는 땅이 되었다. 예나 지금이나 나라를 망치는 무리는 백성이 아니라 정치가들이었다. 국민의 행복이나 재앙은 정치가 만들어낸다. 그러므로 정치가 부패하면 나라가 어지럽고 국민의 살림이 팍팍하게 된다. 지난날 36년 동안 일본의 식민지가 되어 상상할 수 없는 고난과 고동을 당한 것도 정치인들의 잘못 때문이다. 생각하면 생각할수록 화가 치밀어 오른다.

우리 조부님은 집안 친지로부터 김제 광활 지역에 주인이 없는 땅이 많음을 아시게 되었다. 그래서 그곳에 농지를 얻으신 뒤에 큰손자와 넷째 아들인 작은아버님에게 그곳에 가서 농사를 짓도록 했다. 그리하여 큰댁 시아주버니와 작은아버님이 김제 광활 지역으로 가서 열심히 농사를 지었다. 시아버님도 그곳에 가서 농지를 얻어 농사를 지어볼까 생각을 하고 그곳에 가셨다. 그런데 그곳은 간척지로서 그 당시만 해도, 상수도 시설이 전혀 되지 않은 지역이어서 개울물을 식수로 이용했다. 그런 상황에서 시아버님은 배탈이 나서 도저히 견뎌낼 수가 없었단다. 그래서 모처럼 다가온 좋은 기회를 포기하고 정읍으로 돌아오는 수밖에 없었단다.

간척지로서 농사가 잘되는 옥토를 물 때문에 포기하고 돌아오게 된 시아버님의 심정은 이루 말할 수 없었겠지만, 어쩔 수가 없으셨나 보다. 정읍에 돌아와 겨우 양식이나 할 정도의 땅을 마련하여 농사를 지을 수밖에 없었다. 그렇게 좋은 기회를 물이 맞지 않아 포기한 것이다. 물이 안 맞아 그랬다고 하지만 나는 그곳에서 농사짓기를 포기한 일이 지금도 너무 아쉽다.

큰댁 아주버님과 막내 작은아버님은, 그곳에서 농사일에 온갖 노력을 다한 결과 1950년대 말에 토시(논)를 각각 10필지, 8필지의 땅으로 늘렸다. 1960년대 초에 큰아주버님은 자녀교육과 사업을 하고자 서울 청량리로 이사를 하였다. 그곳에서 빙과류제조공장을 구매하여 새벽부터 밤늦도록 열심히 일하여 큰돈을 벌게 되었다.

그런데 우리 시아버님은 그렇게 좋은 조건을 물 때문에 포기해 버렸으니 가정형편이 좋을 리가 없었다. 그러다 보니 시동생 교육이나 제사 같은 여러 가지 일들을 우리 부부가 모두 맡게 되었다. 그 일로 인하여 나는 여러 가지로 고통과 부담이 적지 않았다. 시아버님이 어려움을 이겨내고 포기하지 않았다면 시골에서 큰 부자 소리를 듣고 살았을 텐데 너무 아쉽다. 결국은 그 피해를 큰아들인 남편과 내가 본 것 같다.

그런 일로 그 이야기가 나오면 나는 듣기가 싫어 자리를 피하곤 한다. 물을 끓여서 마셔보기도 하고, 보리를 넣어서 끓인 차를 마셔보기도 하여 어떻게 해서든지 그런 환경에 적응했어야지, 이처럼 돈이 없어서 나에게 부담을 주시다니 참으로 안타까운 마음뿐이다. 내가 겪고 있는 이런 어려움도 알고 보면, 그 당시 시아버님이 포기했기 때문이 아니겠는가? 포기하는 것은 알고 보면 나 자신을 다스리지 못한 것이다. 세상을 살아가려면 절대 포기하지 말고, 두 주먹 불끈 쥐고 최선을 다하면서 어려움을 이겨내야 한다.

요즈음 청소년들은 조금만 힘들어도 포기하려고 하는데, 그것은 자신감이 부족해서 그런 것 같다. 무슨 일이든 꾸준히 노력하면 모두 해결할 수 있는 것들이다. 그런데 젊은이들은 부모님의 도움만 받고 살다 보니, 어려운 일들을 해결해본 경험이 없다. 그래서 매사에 자신감이 없어서, 무슨 일이든 조금만 힘들어도 해결하지 못하고 포기해버린다. 우리가 마주하는 어떤 일이나 어려움이 뒤따르기 마련이다. 아무리 어려운 일들이라 할지라도 잘 인내하고 꾸준히 노력하면 분명히 해결해나갈 수 있다. 이와 같이 노력하면 분명 우리에게 밝은 내일이 열릴 것이다. 포기하지 않고 누가 더 참고 기다리느냐가 승패를 좌우하는 게 아닐까?

(2017. 9. 8.)

4부

여류시인 매창을 생각하며

기적 같은 월드컵 축구경기/ 라미말렉의 연기에 빠지다/ 보람 있는 교직 생활/ 부엉이가 되어버린 나/ 어버이날 주간/ 오랜만에 찾은 글쓰기 교실/ 향기 나는 부부/ 여류시인 매창을 생각하며

기적 같은 월드컵 축구경기

2018년 러시아 월드컵 축구 F조 우리나라와 독일과의 경기가 6월 27일 11시에 러시아 카잔 경기장에서 시작되었다. 우리나라는 지푸라기라도 잡는 심정으로 독일과의 경기를 준비했다. 우리 대표팀 신태용 감독은 독일과의 러시아 월드컵 조별 리그 최종전을 앞두고 절박한 심정으로 준비했을 것이다. 2패로 조별 리그 탈락 위기에 몰린 가운데 독일과 맞붙었다.

FIFA 랭킹 1위 독일(한국은 57위)은 멕시코에 덜미를 잡혔지만, 2차전에서 스웨덴에 역전승을 거두며 상승세를 탔다. 독일도 16강 진출을 장담할 수 없기는 우리와 마찬가지라서 요아힘 뢰프 독일 감독도 한국전에서 오직 승리만을 생각하고 있다면서 총력전을 예고했다. 독일 선수들의 전체몸값은 1조 1432억 원에 이르고 한국 선수들의 몸값이 1099억 원으로 능력 면에서는 큰 차이가 난다. 그야말로 다윗과 골리앗의 싸움이다. 그래도 우리는 부조건 이겨야 한다. 우리에게는 황, 손의 콤비가 있다. 스피드를 갖추고 역습에 능하고 미남인 손흥민과 황희찬을 내세웠다. 기성용이 빠진 중원은 구자철과 정우영이 책임을 졌다. 1%의 가능성을 믿고 혼신의 힘을 다 쏟아 붓는다는 각오로 임했다.

러시아 카잔 아레나에서 열린 독일과의 경기를 우리 가족은 두근거리는 마음으로 관전했다. 끝날 때까지는 끝난 게 아니다. 세계 최강 독일과 맞선 우리 태극 전사들도 그랬다. 정말로 고빗사위 순간이다. 우리 선수들은 종료 휘슬이 울리는 순간까지 온 힘을 다해 그라운드를 질주한 끝에 기적 같은 승리를 엮어냈다. 후반 인저리 타임에서 김영권이 한 골을 넣었을 때, 그 감격으로 눈물이 앞을 가렸다. 게임 종료 직전 우리가 그토록 믿고 사랑하는 손흥민이 한 골을 넣어 2:0으로 승리했다. 대한민국 모든 국민이 환호하는 함성이 전 세계를 깜짝 놀랍게 했다. 항상 우리 선수들이 세계 최강이라는 전 대회 우승팀 독일을 이기다니 참으로 놀라운 기적이 일어난 것이다. 혹 내가 꿈을 꾸고 있지 않나 하는 생각마저 들었다.

조별 리그 F조 3차전에서, 우리 선수들이 달린 거리는 118km로 이번 대회 들어 가장 많은 활동량을 기록했다고 한다. 선수 모두가 산소탱크를 메고 달렸다고 생각하면 되겠다. 독일이 활동량에서 밀린 것은 이번이 처음이었다. 같은 시간 스웨덴이 멕시코에 3–0까지 앞서며 한국의 16강 꿈은 사실상 날아가 버렸다. 그래도 한국은 죽을힘을 다해 독일 골문을 두드린 끝에 후반 추가시간에 두 골을 터뜨렸다. 경기 후 골키퍼 조현우는 2:0으로 이겨 16강에 간 줄 알았는데 매우 아쉬워 눈물을 흘렸다고 했다. 그만큼 우리 선수들은 독일 전 승리에만 집중했다. 16강에는 못 나갔지만, 역사에 남을 경기였다는 찬사

속에 다음을 기약하는 한국 선수들의 얼굴에는 모처럼 환한 미소가 번졌다.

이번 월드컵대회에서 내가 그리도 좋아하는 메시가 출전한 아르헨티나와 음바페가 뛰는 프랑스와의 경기를 관전했다. 나는 아르헨티나를 응원하고 남편은 프랑스를 응원했다. 그렇게 유능한 선수들이 많은 아르헨티나라도 프랑스를 이길 수는 없었다. 이날 경기에서 선수들이 스포츠맨십을 지키며 최선을 다하는 모습이 어찌나 멋져 보이는지, 나는 넋이 나간 사람처럼 경기에 푹 빠져 있었다. 평소 내가 좋아하는 메시 선수가 뛰고 있으니 경기하는 동안 가슴이 두근거리고 설렜다. 다만 경기에서 메시의 아르헨티나가 져 매우 아쉬웠다. 상대인 프랑스의 음바페 선수는 아직 19세인데 아주 빠르고 뛰어난 경기를 보여주었다. 아직 젊어서인지 메시보다 힘이 넘쳐났다.

초등학교 시절에 나는 쉬는 시간만 되면 반 아이들과 어울려 축구를 했다. 우리 반 효숙의 오빠가 축구 코치여서 그 친구로 인해 우리도 축구경기에 열중했다. 다른 애들은 공을 쫓아 떼로 몰려다니는데 체구가 작은 나는 꾀를 내어 경기했다. 가만히 아이들이 이리 차고 저리 차고 하다가 아이들의 몸싸움에 밀려 나온 공이 내게 오면, 재빨리 그 공을 차지하여 공을 찼다. 그렇게 해 공을 골대 안에 차 넣는 재미가 쏠쏠했다. 그런 재미로 축구경기에 꼭 참여하여 열심히도 뛰었었다. 그러다가 게임이 끝나고 화장실에 들어가면 어찌나 덥고 땀이 났던지 그때가 잊히질 않는다. 그런저런 옛이야기를 하고 싶어 효숙이 동생에게 전화했더니 아니 이럴 수가? 코치인 오빠처럼 효숙이도 참

예뻤는데, 진즉 고인이 되어버려 그런 추억도 이야기할 수가 없었다. 참으로 아쉽고 안타까웠다.

이번 월드컵 축구경기를 보면서 느낀 점은 다음 월드컵 경기에서도 우리나라 선수들이 출전한다면 좋은 결과를 얻을 수 있겠다는 희망을 갖게 되었다는 점이다. 다음 월드컵 경기까지 우리 선수들이 준비를 잘하여 좋은 결과를 보여주었으면 참 좋겠다. "로마는 하루아침에 이뤄지지 않았다."라는 말처럼 꾸준히 노력한다면 안 될 일이 없을 것이라 믿는다.

(2018. 7. 17.)

라미말렉의 연기에 빠지다

요즘 인기가 좋다는 영화가 있다면서

"우리 오늘 영화 한 편 볼까요?"

라는 남편을 따라서 영화관을 찾았다. 제목은 〈보헤미안 랩소디〉였다. 주인공인 프레드 머큐리에 라미 말렉, 메리 오스틴에 루시 보인턴, 베이스 기타 존 디콘 역에 조셉 마젤로, 기타리스트 브라이언 메이에 귈림 리가 출연한 영화로, 영국의 전설적인 록밴드 퀸과 보컬로 명성을 떨친 프레디 머큐리의 일생을 그린 영화였다.

〈보헤미안 랩소디〉는 퀸의 대표곡이자 프레디 머큐리가 작사 작곡한 곡으로, 다양한 장르의 향연이 펼쳐진다. 처음에는 잔잔하게 시작하다가 헤비메탈이 들려오고 오페라까지 들어 있어 한 곡이 맞나 싶을 정도로 여러 장르를 넘나듦이 대단하다. 보통 대중가요는 3-4분 정도의 길이로 만들어지는데 이 곡은 약 6분 동안이나 전개된다. 처음에는 너무 익숙하지 않은 장르의 뒤섞임과 알아들을 수 없는 가사 내용으로 많은 사람으로부터 굉장한 혹평을 받았다고 한다. 원래 보헤미안은 체코의 보헤미아 지방에 살던 집시를 일컫는다. 그런데 이 집시들이 자유롭고 구속받지 않는 삶을 살아 보헤미안이라는 뜻은 문학, 예술, 배우 자유로운 영혼을 가진 사람들을 표현하는 말로 사용된단다.

이 곡은 꽤 오랜 기간 대중에 의해 역대 최고의 노래로 손꼽혀 왔다. 세월이 가도 여전히 렙소디가 누리는 인기는 음악 애호가들에게 하나의 수수께끼다. 퀸의 대표곡으로 영국 명문대학 동창생인 프레드 머큐리, 브라이언 메이, 로저 테일러 등 세 사람의 목소리가 하모니를 이룬다.

프레디 머큐리는 1946년 아프리카 탄자니아의 잔지바르에서 태어나 인도에서 10년간 기숙학교 다녔다. 그는 18세에 부모님을 따라 영국에 이민한다. 프레디는 대학에서 공부하며 퀸의 모태라 할 수 있는 스마일의 초창기 보컬이 된다. 그러다가 1980년에 The game에서 대박을 낸 뒤 침체기를 겪다 해체된다. 퀸은 1985년 라이브 에이드라는 자선 공연에서 퀸은 다시 한 번 대박을 연출하면서 그들은 계속해서 연주 활동을 하였다.

나는 영화 〈보헤미안 랩소디〉를 보고 난 뒤 라미 말렉의 연기에 푹 빠져버렸다. 그는 정말 살아있는 레전드가 되었다. 이 영화를 보고 나서 한 달 동안 하루노 빠트리지 않고 많은 시간을 〈보헤미안 랩소디〉에 빠져 지내고 있다. 랩소디 음악을 들으면 들을수록 아름다운 선율과 주인공 프레디 머큐리 역을 맡은 라미말렉의 퍼포먼스에 빠져들고 만다. 작곡, 작사, 보컬 실력을 갖춘 지성의 실력파들, 그중에 4옥타브를 넘나들었다는 프레디의 매력적인 목소리가 나를 랩소디 속으로 이끈다. 요즘 나는 이 곡을 듣고 난 뒤라야 다른 일을 할 수 있을 정도다. 남편은 영화를 한번 관람한 뒤 그걸로 끝이다. 한 번 더 영화

〈보헤미안 랩소디〉를 보자고 하기가 미안해서 유튜브에서 날마다 들으면 나 자신이 힐링이 되고 행복해짐을 느낀다. 남편은 나더러

"그것이 그렇게도 좋나요?"

하고 웃으며 말을 한다. 주연을 맡은 라미 말렉의 퍼포먼스가 기가 막힌다. 나는 지금까지 이처럼 음악에 푹 빠져들어 본 적이 없었다.

나는 시누이나 오빠 그리고 친구들에게 〈보헤미안 랩소디〉를 소개하며 같이 공감하자고 권했다. 그러면 우리 시누이는 서울에서 3~4번 관람하는 사람도 상당히 있다면서 좋아한다.

이 영화의 감독 브라이언 싱어는 프레디와 닮은 능력 있는 배우를 찾기 위해서 몇 사람을 만나 보았는데, 두 명이 탈락되고 비로소 라미 말렉이 그 주인공 역을 맡게 되었다고 한다. 라미는 프레디처럼 앞니를 똑같이 하려고 유능한 성형외과를 찾아갔단다. 나는 라미가 보조치아를 끼는 모습을 실제로 동영상을 통해서 볼 수 있었다. 턱선, 앞니, 눈빛, 몸매 등 거의 99.999%가 프레드 머큐리로 빙의한 듯 아주 똑같아 보였다. 또 멘토를 정해 프레디와 똑같은 모습으로 연습을 거듭하여 목이 쉴 때도 있을 만큼 많은 고생을 했다고 한다. 그 결과 영국 국민은 물론 전 세계인들이 이 영화에 열정적으로 빠져들도록 했단다. 영화 속에서 랩소디는 직접 머큐리가 직접 불렀던 곡으로 알려져 있다. 우리 국민도 천만에 가까운 수가 이 영화를 관람했단다.

주연을 맡아 열정적으로 연기한 라미 말렉은 로스엔젤레스에서 남우주연상을 받았다. 그리고 작품상도 받아 영화 보헤미안 랩소디는 2관왕이 되었다. 보헤미안 랩소디에서 주연한 라미 말렉(프레드 머큐

리 역)은 월드 스타 반열에 올랐다.

그 당시는 비주류로 불렀을지 몰라도 현시대에서는 최고의 패셔니스타로 통하는 남자. 관중의 넋을 사로잡는 최고의 프런트 맨, 오페라를 사랑했던 예술인 프레디 머큐리의 조금 특별한 '뉴트로' (새로운 복고 열풍) 패션이 영화를 보면서 나를 매우 놀라게 하였다.

프레디 머큐리는 오랫동안을 참고 견디어내다가 결국 하루 전날 자신이 에이즈에 걸렸다고 발표하고 그다음 날 45세의 젊은 나이로 돌아올 수 없는 불귀의 황천길로 떠났다고 한다. 타계한 뒤 오랫동안 그의 목소리를 직접 들을 수 없다는 사실에 수많은 음악 애호가들은 엄청난 충격과 슬픔에 빠졌다 한다.

잔지바르 출신의 이방인이자 성소수자였던 프레디 머큐리는 사회에서 당당할 수 없는 비주류, 요즘 말로 아웃사이더였다. 명문대학 산업디자인과 출신인 그는 미국 연주 여행에서 게이 클럽에 자주 드나들어서 게이 문화에 많은 영향을 받았다고 한다. 그의 타계로 유산은 여자친구인 메리 오스틴과 남자친구인 짐 허튼, 그리고 사랑하는 고양이들에게 넘겨졌다고 한다.

웃기도 하고 울기도 했던 영화 〈보헤미안 랩소디〉는 영원히 내 마음속에 남아있을 것만 같다. 프레디가 살아있다면 더 많은 좋은 곡을 우리에게 들려주었을 것이다. 나는 실제로 연기가 빼어난 배우 라미 말렉이 프레디 같아 그를 보면 설렌다. 특히 잇속이 아주 좋아 웃는 모습이 아름답다. 프레드 머큐리처럼 보이려고 뻐드렁이를 해서 끼고 연기할 정도로 아주 최선을 다했다니 2월 말에 있을 오스카 남우주연상을 받았으면 참 좋겠다는 생각을 했다.

한국시간 2월 24일 오전 10시에 미국 로스앤젤레스 돌비극장에서, 제91회 아카데미상 시상식이 미국에서 있다기에 기다렸다가 시청했다. 내가 기대했던 대로 오스카 시상식에서 〈보헤미안 랩소디〉가 4개 부문을 휩쓸었다. 프레디 머큐리를 연기한 라미 말렉이 남우주연상을 거머쥐었고, 편집상, 음향 효과상, 음향편집상 트로피까지 가져갔다. 라미 말렉은 수상소감에서

"동성애자 난민인 자신을 긍정하며 살았던 한 남자의 이야기가 상을 받는다는 것은 많은 사람이 이런 것을 원한다는 증거입니다."
하고 말했다. 역시 내가 생각했던 것처럼 라미 말렉이 오스카 남우주연상을 수상함으로써 그의 연기력이 대단하다는 평가를 받아서 무척 기뻤다.

(2019. 1. 14.)

보람 있는 교직 생활

'똑 똑똑!' 수업 중에 누군가 교실 밖에서 노크한다.

내가 정읍 동초등학교에서 2학년을 담임하던 시절로 기억된다. 학습지도에 열중하고 있는데 낯선 아주머니 한 분과 젊은이가 문밖에서 있었다. 내가 10여 년 전에 정읍 북초등학교에서 담임했던 박형윤 군과 그의 어머니가 나를 찾아온 것이었다. 형윤 군과 그의 어머니는 3학년 때의 담임이었던 내 덕택으로 어려운 사법고시에 합격할 수 있었다며 인사차 들렀다고 했다. 나에게 주려고 가지고 온 큰 플라스틱 바구니에는 집에서 가꾼 채소와 과일이 가득했다. 그저 담임으로서 역할을 다했을 뿐인데 이렇게 찾아주다니 고마운 마음 무어라 형언할 수 없었다.

형윤 군이 정읍시 B고교에 다니던 시절이었다. 그가 기숙사 생활을 한다는 이야기를 듣고 간식으로 수박 두 덩이를 가지고 교무실로 찾아가 맡긴 적이 있었다. 그때 사감 선생님이 교무실에서 형윤이를 찾는 방송을 했더란다. 방송을 듣고 형윤이는 지금까지 부모님이 학교에 한 번도 찾아오신 적이 없던 터라 누가 오셨을까 생각하며 교무실을 찾았단다. 교무실에서 초등학교 3학년 때 담임선생님이 수박을 맡기고 가셨다는 이야기를 듣고서 매우 고마웠단다. 그래서 수박을 나누어 먹은 뒤, 앞으로 더욱 열심히 공부해 선생님의 은혜에 꼭 보답해야겠다고 마음속으로 굳게 다짐했단다.

그 이야기를 하며 형윤 군과 그의 어머니는 이렇게 사법고시에 합격한 것 모두가 선생님의 은혜라며 함박웃음을 지으며 감사 인사를 하였다. 형윤 군은 나더러 자기 결혼식 잔치잡이까지 부탁하고 싶다고 했다.

초등학교 3학년 시절, 형윤이는 너볏하고 듬쑥했었다. 학급에서 성적은 중에서 상 정도였다. 그런데 그 뒤 굳은 의지력으로 열심히 공부해 이런 좋은 결과를 얻게 된 것이다. 어머니께서는 본인은 물론이고 부모와 형제들이 너무 좋아한다며 거듭 고맙다는 인사를 하셨다.

오늘 민낯으로 한의원에 가 침을 맞고 있는데 전화기가 움찔움찔거렸다. 형윤 군의 전화였다. 이웃에 피해를 줄까 봐 몇 마디만 하고 집에 와서 통화했다. 그랬더니 그 뒤 서울과 청주에서 변호사로 6년간 활동하다 전주로 내려온 지 4년 정도 되었단다. 결혼도 하여 아들을 둘이나 두었다고 하였다. 그래서 아이들을 보고 싶다고 했더니 곧바로 동영상을 보내주었다. 애들 모습이 형윤 군을 쏙 빼닮고 아주 튼튼하고 귀엽게 생겼다.

나는 요즈음 무릎이 좀 아파서 물리치료를 받고 있다고 했다. 그랬더니 형윤 군은 3학년 때 다리가 아파 선생님을 찾아가 병원에 가겠다고 했더니 크게 염려하시면서

"그래? 어서 병원에 가서 치료 잘 받도록 하세요."

라고 친절하게 얘기하며 보내주시던 선생님이 그렇게 고마울 수가 없었다고 말했다. 나는 항상 몸이 약한 편이기 때문에 몸이 조금이라도 아프다는 어린이는 각별히 배려를 하는 성격이었다. 그런데 그 당시 제대로 치료를 받지 못해 지금은 한쪽 다리가 짧아져 약간의 고통이 있다고 했다. 그러면서 자신처럼 장애가 있는 아이들이 다니는 정읍 다솜 학교에 장학금을 후원하고 있단다. 그것은 선생님께 듬뿍 받았던 사랑을 다솜 학교 아이들에게 되돌려주고 싶어서라고 했다.

나는 전주에서 평생 교육을 받고 있다고 했더니 그곳에서 꼭 식사자리를 마련하겠단다. 나는 그 마음만 받아도 매우 배가 부르다고 했다.

아이들을 가르치면서 내 교육 방침은 절대 편애하지 않고 똑같이 사랑을 나누어주는 것이었다. 학부모들은 그런 나를 좋게 보아주셨다. 나는 학부모가 학교에 관심을 보이거나 말거나 똑같이 대하려고 노력했었다.

내가 학교에 다니던 시절 농사일에 바쁘셨던 부모님께서는 나의 학교생활에는 전혀 관심을 두실 수가 없었다. 하지만 선생님들께서는 우리를 차별하지 않고 가르치셨다. 나도 그런 은사님들을 본받아 아이들을 편애하지 않고 가르치려고 노력했다. 그런 생각으로 아이들을 똑같이 대해 주었는데 형윤 군은 자기를 매우 예뻐했다는 것이다.

아이들을 가르치는 교직은 참으로 보람이 있는 직업인 것 같다. 형윤 군처럼 사회에 꼭 필요한 사람이 되어 지금까지 기억해주는 제자가 있다니 얼마나 보람된 직업인가.

(2018. 12. 9.)

부엉이가 되어버린 나

요즈음 나의 하루는 부엉이 같은 생활이다. 밤에 깨어서 활동하고 낮에는 잠을 자는 그런 생활로 변해 버렸다. 그 원인은 장의 연동운동이 아주 느려서 소화가 더디기 때문이다. 큰 병원에 가서 처방하여 약을 먹고 있지만 잘 안 된다. 평소에 하루 두 끼 먹다가 요즈음은 한 끼 반 식사를 하고 견딘다. 배가 고픈 느낌이 오지 않고 더부룩하여 오히려 음식을 먹기가 두려울 때가 가끔 있다. 힘도 없고 근육도 없어서 고민이다. 그러나 운동만큼은 열심이다. 햇빛을 받으며 40분간 빨리 걷기, 요가 하기 40분, 음식은 골고루 섭취하고, 틈틈이 감사 기도하며 즐거운 마음을 갖도록 노력한다.

아침에는 여러 가지 과일로 식사를 대신하고 낮 한 끼 밥으로 식사를 하여 소화를 시켜야 장이 편안해져 잠이 잘 오는 데 그렇게 하기까지는 시간이 오래 걸린다. 모든 잘못이 나의 조급한 식습관, 그리고 내일 할 일을 미리부터 해 놓아야 만이 잠이 드는 성격 때문이라는 것을 알면서도 고치기가 힘들다.

남편도 젊어서는 느끼지 못했던 모습들이 나이가 들면서부터는 시어머님과 닮아간다는 것을 이제야 깨닫는다. 아주 급하고 상대방 입장을 전혀 헤아리지 못하며, 입맛 역시 까다로운 식성을 가지고 있다. 어느 날은 남편이 결혼식장을 세 군데나 다녀왔다. 그날도 나에게 점심 준비를 해달라고 한다. 그때 짜증도 났지만, 오히려 좋은 쪽으로 생각하고 식사 준비를 하였다. 항상 식당 음식이 좋은 줄로만 알던 남편이 인제 와서야 집 밥이 훨씬 좋다고 하기에 '이제야 철이 조금 드는구나!' 하고 생각을 했다.

그런데 어느 날은 우리 집 식단을 학교 영양사처럼 계획을 미리 짜서 반찬 준비를 하면 좋겠다는 것이다. 내가 슈퍼우먼인 줄로 착각하는 모양이었다. 남편이 쿨쿨 잠자고 있는 틈을 타서 살짝 옷을 들추고 간덩이가 부었는지 살펴보았다. 그나마 119에는 전화를 하지 않아도 될 것 같아 다행이었다. 나는 지금까지 하루를 거르지 않고 아침밥과 국을 따끈따끈하게 상차림을 해왔다. 항상 건강을 먼저 생각하여 잡곡밥과 싱싱한 야채 그리고 해조류, 칼슘 섭취를 위하여 작은 물고기 반찬, 부족하기 쉬운 단백질 섭취를 위하여 생선을 이용한 찜이나 국 종류를 챙겼다. 특히 국 없이는 식사를 못 한다는 비위를 매일 같이 맞추어 왔다. 요사이 결혼했으면 진즉 쫓겨났을 텐데 다행히 옛날에 나를 만났으니 그 조동 버릇을 다하고 살았다는 것을 자타가 인정한다. 가끔 남편이 좋아하는 국수와 부침개 종류도 챙겼다. 그런 날은 좋아서 입이 귀에 걸리도록 헛웃음까지 쳐가며 좋아하는 모습을 보게 된다. 아마 내가 자주 국수나 라면 같은 밀가루 음식을 챙겼더라면 웃는 모습을 자주 볼 수 있었을 것이다.

나는 외국에서 수입한 밀가루 음식은 화학 약품이 많이 들어 있다는 것을 알기 때문에, 사랑하는 가족의 상에 자주 올리기 싫었다. 그러나 남자들은 건강보다는 입맛만 생각하니 아무리 나이를 먹어도 어린아이 같다는 생각이 든다. 그래서 우리는 아이가 넷이라고 장난말을 자주 하곤 한다. 나는 되도록 제철에 생산되는 우리 농산물로 만든 음식을 먹도록 권하여 왔다. 특히 음식을 튀긴다거나 기름에 굽지 않고, 껍질은 되도록 깎지 않으며, 자연 그대로 음식을 만들어 먹으려고 애썼다.

어느 날은 양養시어머님이 찌개를 끓여서 아들 상에 놓았다. 그런데 남편이 국물이 매우 많다고 말하니 덜어내 적게 해주고, 또다시 아주 적다고 하니까 시어머님은 그 자리에서 버럭 화를 내셨다. 그리고 아들 비위를 못 맞추겠다고 하셨다. 그렇게 지난날 남편이 까다롭게 굴었던 일들이 떠오를 때는 지금도 기분이 유쾌하지는 않다.

그러면 재빨리 남편의 장점을 찾아내어 얼른 메모장에 쓰기 시작한다. 건강하고, 신앙생활 잘하려 노력하고, 무엇보다 내 건강에 관심이 두고 무공해 야채를 가꾸어 나에게 주는 것 등 좋은 점이 많다. 사랑스러운 남편이 가꾸어서 그런지 야채가 맛이 좋아 그걸로 쌈밥을 만들어 먹게 되면 셋이 먹다가 하나가 없어져도 모를 정도이다.

요사이 수필 쓰기를 하니 그렇게도 지루한 밤중이 금방 지나가 버린다. 그래서 쓸데없는 생각도 하지 않게 된다. 이거야말로 일거양득이 아니고 무엇이겠는가! 진즉 변 박사와 호 개그우먼이 수필 쓰기를 권한 적이 있었는데, 내 건강이 더욱 나빠질까 봐 사양하곤 했었다. 오늘은 지난번 남편 모임에 가서 생선회를 배불리 먹어서인지 이틀째 저녁날 밤을 새우고 있다. 단잠을 자다가 물을 마시러 나온 남편은 컴퓨터 앞에서 글을 열심히 쓰고 있는 나를 보더니, 내가 이틀 동안이나 날 밤을 새웠다며

"하여간 지독한 사람이야."

라고 한마디 거들고 간다. 그렇다. 나는 지독한 사람이고 또한 부엉이다. 하지만 이 밤이 지나고 나면 수필 한 편이 쌓일 테니 얼마나 행복한 일인가? 밤새 수필과 놀았어도 피곤한 줄을 모르겠다. 수필은 아마도 피로 해소제인 것 같다.

(2017. 11. 5.)

어버이날 주간

지난 5월 6일 주일날 미사 드리러 성당에 갔더니 신부님께서 모든 교우에게 카네이션을 달아주셨다. 며칠 동안 교우들이 카네이션을 만드느라 밤을 지새우며 준비했다고 한다. 카네이션을 다니 내가 어버이라지만 이상한 느낌이 들었다. 지금까지 나는 자식의 입장에만 서 있었던 것 같은데 부모의 입장이 되어 꽃을 달게 되니 감회가 새로웠다. 꽃이 매우 고급스럽고 색깔도 아름다워 그날 이후 그 카네이션은 떼지 않고 그대로 두었더니 내 왼쪽 가슴뿐 아니라 내 마음까지도 환하게 해주었다.

금년 어버이날은 주중에 있어서 하루 앞선 7일 아침 일찍 큰아들네가 왔다. 이렇게 큰아들과 며느리 그리고 귀염둥이 손녀가 와주니 얼마나 기뻤는지 모른다. 며느리가 '오래오래 사셨으면 좋겠어요.'라는 문자와 함께 금일봉을 내 통장으로 보냈다. 고생해서 번 돈을 이렇게 많이 주다니 고맙기도 하고 한편으론 미안한 마음이 들기도 했다. 나는 이에 감사하는 마음으로 며느리에게 얼른 아껴두었던 스카프를 주었다. 며느리도 고마워하며 기쁜 마음으로 받았다. 손녀는 어린이날 기념 체육대회 달리기에서 일등을 했다고 자랑했다. 그 모습이 그렇게 귀엽고 예쁠 수가 없다. 만 나이 5세인데 자기보다 나이가 한 살 위인 언니와 달리기에서 일등을 하다니 믿어지지 않는다. 며느리가 동영상을 보여주는데 틀림없이 우리 손녀가 잘 달렸다.

신아 문예 대학에 다닐 적에 김학 교수님께서 손녀 자랑을 하시기에, '우리 손녀는 언제 커서 나도 자랑을 할 수 있을까?' 하고 시샘을 한 적이 있었다. 그런데 이번 유치원 운동회에서 우리 손녀가 달리기를 아주 잘했다니 아주 기쁘고 자랑스럽다. 나는 시간만 나면 그 동영상을 바라보는 재미에 푹 빠져 있다. 다른 친구보다 나이가 한 살 어린데 달리는 자세가 마라토너(?)처럼 의젓하게 참 잘도 달린다. 교수님 손녀는 이름난 화가로, 우리 손녀는 유명한 마라토너로 키워 보면 참 좋을 것 같다.

나는 자주 다니는 이웃집에 가서 손녀 자랑을 했더니 자랑을 하려면 1회당 일만 원씩 내야 한단다. 그것도 어쩌다 보니 두 번이나 자랑을 해버렸다. 그러니 곧바로 2만 원을 내란다. 그래서 지금은 가진 돈이 없으니 외상으로 하자고 했다.

제주에 계신 외할머니가 해녀처럼 수영을 잘하니 우리 손녀도 운동기능이 좋은가 보다. 며느리가 이도 나기 전부터 고기를 먹이더니 힘이 아주 좋아 절대 넘어지는 일이 없다. 만 두 살이 지나면서 우리 집에만 오면 거실에서부터 큰방, 작은방, 주방을 아주 바쁘게 돌아다니곤 하였다. 천안에서 오느라 피곤도 할 테지만 꼭 두세 시간은 빠른 걸음으로 걷고 달리더니 그때부터 달리기 능력이 생겼나 보다. 그래서 장애물 달리기쯤이야 문제가 되질 않고, 후프를 머리 부분에 넣어서 나오기, 매트에서 옆으로 돌기가 있는데 그런 것쯤이야 문제없이 척척 잘도 해냈다.

우리 집으로 오면 거실 한쪽에는 그토록 예쁜 공주님이 자기를 애용해주기를 기다리고 있는 놈이 하나 있다. 날씨가 궂은날에 내가 집안에서 운동하려고 준비해둔 실내 자전거다. 손녀는 거실에 들어오자마자 눈길이 얼른 그곳으로 간다. 지난 설날에는 겨우 두 발로 바퀴를 밀어서 돌리더니 3개월을 지난 엊그제 와서는 그 자전거에 올라가서는 처음에는 한 바퀴를 밀어서 겨우 돌리다가 나중에는 성인처럼 몸을 앞쪽으로 당겨서 요령 있게 자전거를 아주 잘도 탄다. 다리가 아직은 짧으니 자기 몸을 핸들이 있는 쪽으로 당겨서 자전거를 타는 것이었다. 어떻게 그런 지혜가 생겼는지 아주 대견스럽다.

날씨가 흐리고 가랑비가 조금씩 내리다가 다시 해가 환하게 비춰준다. 우리는 모처럼 내장산으로 가서 환하게 웃음 지으며 단풍 숲길을 걸으니 마음이 나를 듯이 기쁘다. 예쁜 꽃과 나무들도 우리 가족을 반갑게 미소 지으며 어서 오라며 손짓을 하는 것 같았다. 조금 머물다가 내가 좋아하는 생태 공원으로 향했더니 꽃잔디가 만개하여 진분홍빛 비단 보자기를 깔아 놓은 것처럼 예쁘다. 남편은 우리 가족을 꽃잔디 속에 넣고 사진으로 남겼다. 이 공원을 조성한 지 몇 년 되지 않은 것 같은데 단풍나무가 어린 티를 벗고 내장산의 단풍처럼 의젓하다. 그늘도 만들어 주고 피톤치드도 많이 내주어 공기 정화에 많은 도움이 될 것 같다.

내장 호수 주변이 연둣빛 버드나무로 눈이 부시게 반짝인다. 새 떼들은 버드나무 숲 사이를 드나들며 재잘거린다. 호수 안이나 위에 똑같이 동양화를 한 폭씩 그려 넣은듯하여 그 모습을 사진으로 담아냈다.

내장산을 축소하여 작은 동산으로 만들어 놓아 힘들이지 않고 서래봉에 오를 수 있을 것 같아 좋다. 또 단풍나무들이 성난 사자처럼 보이기도 하고, 공작처럼 보이는 것도, 어떤 것은 코끼리 모양의 단풍도 있어서 참 신기해 보인다.

어버이날을 맞아 아들에게 큰 선물을 받고 보니 무어라고 표현할 수 없을 정도로 마음이 뿌듯했다. 아이들에게 사랑을 더욱 주어야겠다는 마음이 생긴다. 내가 당연히 해야 할 일을 한 것뿐인데 자식들은 그렇게 감사하다고 하니 고마울 따름이다. 건강한 아들들과 며느리, 그리고 손녀의 존재가 내게는 가장 큰 선물이 아닐 수 없다.

(2018. 6. 18)

오랜만에 찾은 글쓰기 교실

고관절 수술로 인하여 두 달 동안이나 신아 문예 대학에 수업을 받으러 갈 수가 없어서 무척이나 아쉬웠다. 지금도 담당 의사 선생님은 또다시 넘어지면 심각하니 항상 조심하라고 한다. 하지만 오늘은 1학기 마지막 수업을 하는 날이니 꼭 나가려고 마음을 먹고, 미리 수업자료를 챙겨 여러 차례 예습도 해두었다. 그리고 문우들에게 드릴 간식도 준비했다. 집에서 8시 반쯤 출발하여 교실에 들어서니 빈 교실이 나를 반겨준다. 조금 있으니 문우들이 한 분씩 오기 시작하더니 교수님까지 오셔서 모두 나를 반겼다. 이곳에 쉽게 나올 수 없을 줄 알았는데 이렇게 지팡이에 의지는 했지만, 이 층까지 올라온 내가 매우 대견했다. 보통 사람들에게는 별일이 아니겠지만 나에게는 얼마나 감사하던지 꿈만 같았다.

예습을 잘해 두었더니 교수님 강의가 머리에 쏙쏙 들어와 평소보다 더 많은 것을 얻은 것 같다. 교수님은 좋은 수필이란 무엇보다도 독자를 감동하게 할 내용을 담고 있어야 함을 강조하셨다. 감동을 주려면 참신하고 솔직한 내용을 담아야 하고, 쓰기는 쉽게 써야 한다는 것이다. 나도 앞으로는 그런 면에 더욱 주의를 기울이면서 글을 쓰도록 해야겠다.

수업을 마치고 습습하신 김재교 시인이 감자 수확을 한다며 우리를 초대하여, 그분이 사는 완주군 고산면 어우리로 향했다. 금강산도 식후경이라고 했던가? 일단 김 시인을 따라 경천저수지 아래 매운탕집으로 갔다. 그곳에서 김 시인께서 사준 메기매운탕이 어찌나 맛이 있던지 내 주위가 한결 밝아지는 느낌이었다.

식사를 마친 뒤에 감자를 캐려고 김 시인 농장으로 향했다. 평소에 베풀기를 좋아하고 도저하신 김 시인이다. 봄부터 지금까지 정성껏 가꾸어 온 감자를 수확하여 모두 우리에게 주겠다고 하셨다. 우리는 감사한 마음으로 감자를 부지런히 캔 뒤, 저마다 비닐봉지에 가득 담아 차에 싣느라 바빴다. 이 자리에 참석하지 못한 문우들까지도 주려고 일일이 감자 봉지를 챙겼다. 날씨는 무덥지만 감자 수확하는 재미가 마치 부드러운 흙속에서 보물을 캐내는 기분일 것이다.

어릴 적에 감자를 가끔 캐보았기에 그 느낌을 잘 안다. 감자를 캐면 땅속에서 황금알이 쏟아져 나왔다. 작은 것도 있지만 내 주먹보다 훨씬 큰 것이 나오면 그렇게도 재미가 있었다. 하지만 오랜만에 그런 체험을 해보면 좋을 텐데, 나는 다리가 불편하니 오늘은 차 안에서 구경만 할 수밖에 없다.

오늘 우리에게 많은 것을 베푼 김 시인은 얼마나 마음이 뿌듯하실까? 나이가 들수록 받는 재미보다 주는 재미가 훨씬 더 크다고 한다. 하지만 남에게 준다는 것이 어디 쉬운 일이던가? 우리도 그분과 같은 삶을 본받으려면 앞으로 더 많은 노력을 해야 할 것 같다. 감자는 삶아도 없어지지 않는 비타민 C가 듬뿍 들어 있고 알카리성 식품이며, 또 식물성 섬유인 팩틴을 함유하고 있어 변비에도 특효약이라고 알려져 있다. 나는 어렸을 때 먹었던 찐 감자의 포슬포슬한 맛을 지금도 잊지 못해 가끔 감자를 구입해 삶아 먹곤 한다. 특히 소음인인 내 체질에도 잘 맞는 식품이라 해 나는 감자를 더 좋아한다.

감자는 에스파냐 '피사로'가 잉카제국에서 그 꽃을 보고자 도적질까지 하여 인류를 굶주림에서 해방해준 고마운 작물로서 우리네 인류의 4대 식용작물 가운데 하나다. 요사이는 보라색 감자까지 나와서 더 많은 사람이 찾는다고 한다. 어린 시절 우리 집에서는 밭이 없어서 논다랑이 구석진 곳에 감자를 심었다가 하지 무렵이면 캐 먹곤 했었다. 논이기 때문에 토질이 질퍽해서 감자가 별로 맛이 없지만 그 당시는 그런대로 간식으로 먹었다. 그런데 두름 성하게 일을 하신 김 시인이 주신 감자는 토질이 좋아서 그런지 쪄놓으니 껍질부터 쫙 벌어져 있고 그 모습처럼 맛도 일품이었다.

우리 친정 논은 농수로가 잘되어 있어서 가뭄 걱정 없이 벼농사를 잘 지을 수 있는 고래실논이었다. 어느 해 여름, 여러 날 동안 내린 비로 물난리가 났었다. 논에 심어놓은 감자 수확은 해야 하고, 또 그 논에 모를 심어야 하니 어쩔 수 없이 물속에서 감자를 캐야만 했는데 두 포대나 되었다. 장마가 끝도 없이 계속되었다. 그래서 어머니는 젖은 감자를 버릴 수도 없고 그렇다고 말리기도 어려워 감자를 항아리에 담은 뒤 물을 가득 부어 놓으셨다. 얼마 동안 어머니는 항아리에

물을 붓고 버리기를 거듭하셨다. 그런 뒤 항아리 밑에 가라앉은 전분으로 죽을 쑤어 주시던 기억이 엊그제처럼 새롭다. 그 많은 감자를 장마 때문에 그렇게 처리해야만 했을 우리 어머니의 심정은 얼마나 기가 막히셨을까?

비록 몸은 편치 않았지만 오늘 수업에 나가기를 참 잘한 것 같다. 수필 쓰기에 대한 이론도 배우고, 내 작품에 대한 평도 들을 수 있었고, 너볏하신 김 시인이 사주신 맛있는 메기탕을 대접받고, 또 감자와 대파까지 선물로 듬뿍 받아 가지고 왔으니 매우 고맙고 행복하기 그지없다.

(2017. 10. 5.)

향기 나는 부부

우리에게 가장 편안함을 주는 곳, 현대아파트 주민들은 물론 정읍시 주민들이 그리도 많이 찾는다는 왕솔밭에 오르기 위해 남편과 함께 갔다. 정상을 향해 오르려고 몇 발 정도 걷고 있는데, 뒤에서 누군가 우리를 정답게 불렀다. 얼른 뒤돌아보니, 그분은 다름 아닌 전북에서 유명한, 우리가 그토록 존경하는 수필가이자 시인이신 운정 김동필 선생님이었다. 아주 반가웠다. 그런데 선생님께서 그 자리에서 우리에게 〈향기 나는 부부〉라는 패를 선물로 주시는 게 아닌가.

향기 나는 부부夫婦에게

따뜻한 남편 고안상 선생
정다운 아내 김창임 여사

가슴에 하얀 꽃송이 품고 사는 원앙鴛鴦
저문 날 기다림의 끝에서 한 사나흘 밤 얘기
나누고 싶은 사람 "당신 무릎 베고 눈 감을
테니, 오래 살아야 하오"라고 상사곡相思曲

부르는 향기 나는 부부, 그 연모戀慕가

깊고 붉어서, 아, 천복天福 내리는 소리….

서기 2005년 1월 1일

시인. 수필가. 향토사가 백제예술대학 외래 교수 김동필

이렇게 귀한 선물을 받을 자격이 없는데, 일단은

"부족한 저희에게 이런 패를 주시다니 정말 감사합니다."

라고 말씀드린 뒤 패를 받았다. 부끄럽지만 고마웠다. 우리 부부가 '향기 나는 부부'라니, 아마도 선생님께서는 그런 부부가 되길 바라는 마음으로 패를 만들어 주셨을 것 같다. 아니면 겉으로 그렇게 보여 그랬는지 모르지만 알고 보면 그렇지도 아니하니 부끄러웠다. 그 패를 받고 난 뒤부터 나는 바로 〈향기 나는 부부에게〉란 글귀를 가끔 낭독하며 음미해보곤 했다. 그럴 때마다 너무도 글귀가 좋아서 아주 기분이 유쾌해졌다.

그런데 운정 선생님 얼굴이 창백하여 나는 조금 걱정이 되었다. 글을 쓴다는 것, 늘 시나 수필을 쓰고자 고뇌하시니 아무래도 건강에 많은 지장이 있을 것이란 생각이 들었다.

하여튼 얼마나 귀하고 정성이 담겨 있는 선물인가! 돈으로 환산할 수 없는 선물이다. 이 시를 쓰시느라고 얼마나 많은 생각을 하셨을까? 쓰고 지우고 또 쓰고 지우며 쓰셨을 것 같다.

내가 지금 수필을 쓴다고 하지만 자꾸 고쳐 봐도 늘 흠결이 보인다. 요즘 나는 일어나기가 무섭게 컴퓨터 앞에 앉아서 김학 교수님께서

보내주신 작품을 읽어 본 다음 내 것을 들여다본다. 바로 어제 퇴고를 했지만, 왜 그렇게 고쳐야 할 부분이 많은지 모르겠다. 보고 또 보고 하는 일이 내 일과가 되어버렸다. 아마 그분도 역시 우리 부부에게 선물을 주기 위하여 많은 퇴고 끝에 패를 만들어 주셨을 것이다.

비록 지금은 향기가 나지 않지만 앞으로 향기로운 부부가 되도록 노력해야겠다. 남편의 단점을 오히려 장점으로 생각하고, 얼굴에 웃음을 잃지 않고 이웃을 비난하기보다는 칭찬하려고 노력하면 분명 향기가 날 거라는 생각을 해본다.

나는 곧바로 실천에 옮기려고 성당에서 미사가 끝나면 남녀노소 구분 없이 잘 아는 분이나 모르는 사람이나 악수하고, 칭찬을 하며, 허물없는 사람이면 껴안으려 애썼더니, 나를 대하는 교우들의 모습이 밝아지고, 정감 있게 다가옴을 피부로 느꼈다. 남편도 만나는 이웃들에게 웃음 띤 모습으로 친절하게 인사하고 따뜻하게 대하려고 애쓰는 모습이다.

우리 부부는 가끔 산책하려고 정읍사공원을 찾는다. 젊은 시절 손을 잡고 걸으려면, 그토록 이웃을 의식하던 남편이 지금은 오히려 더 적극적으로 내 손을 꼭 쥐어 준다. 때로는 깊은 포옹까지도 마다하지 않으니 산책하는 젊은이들은 물론이고, 산까치도 '까–악 까–악' 하고 노래하며 우리를 부러워하는 것 같다. 이렇게 우리가 노력해 나간다면 부족하지만 조금씩 우리 부부에게서 그윽한 향기가 피어오르지 않을까?

우리가 이런 귀한 마음의 선물을 받으리라고는 전혀 상상하지를 못했다. 앞으로 선생님께서 주신 패의 글귀처럼 살아가도록 꾸준히 노력해야겠다. 지금은 고인이 되시어 뵐 수 없는 선생님이 문득 생각난다. 전북의 시인 중의 시인이셨던 운정 선생님을 나는 존경했다. 지금 그 분이 살아 계신다면 우리 부부의 글을 보고 많은 덕담도 해주실 것만 같다.

(2016. 8. 12.)

여류시인 매창을 생각하며

부안扶安의 명기로 널리 알려진 이매창(梅窓, 1573~1610)은 아전 이탕종李湯從의 서녀로 태어났다. 어린 나이에 어머니를 여의었으나, 총명하여 아버지에게 한문을 배웠다. 시와 노래, 거문고에도 두루 능했다고 전해진다. 이매창은 황진이, 허난설헌과 더불어 조선 3대 여류 시인 가운데 하나다. 매창은 시를 매개로 촌은 유희경(1545~1636), 교산 허균(1569~1618)을 비롯한 당대의 문인들과 깊은 교우 관계를 유지했다고 전한다. 기생임에도 불구하고 뛰어난 글재주로 당당하게 뭇 선비들과 시를 논했던 그녀의 흔적을 찾아보기 위해 정읍수필문학회 회원들과 함께 부안 매창 공원을 찾았다.

매창은 시를 잘 지어 한때 수백 편의 시가 사람들의 입에 오르내렸으나 지금은 거의 흩어졌다. 1668년 10월 아전들이 외워 전하던 58수의 시를 개암사에서 목판에 새겨 간행하며, 쓴 발문으로 보아 매창의 한시가 아주 뛰어났음을 짐작이 된다. 매창 공원에 세워진 그녀의 시비를 보면, 한시임에도 우리의 정서를 자연스럽게 표현하여 친근감 있게 느껴진다. 그녀가 죽은 지 45년만인 1655년에 무덤 앞에 비가 세워졌고, 58년 뒤인 1668년 시인 매창집이 간행되었다고 한다.

그녀는 기녀로서 당대 많은 사대부와 교유하였으나 가까이 지낸 사람은 촌은 유희경이다. 매창과 유희경이 처음 만난 것은 임진왜란이 일어나기 일 년 전인 1591년으로, 매창의 나이 20세, 유희경은 48세 때였다. 이때 두 사람은 서로 불우한 처지를 이해하며 시문학을 통해 정신적으로 소통하면서 더욱 가까워지게 되었다. 촌은 유희경劉希慶은 본관이 강화이고, 한양사람으로 천민 신분이었으나, 본래 소박하고 깨끗해 시문학을 좋아하였다. 비천한 신분이었지만 오히려 양반계층의 문인들과 어울려 교유할 수 있었던 것은 그의 빼어난 문학적 소양 덕분이었던 것 같다. 천민과 중인의 신분으로 시문학을 하고 정처 없이 떠도는 생활을 하면서, 풍류를 즐기는 삶을 살다가 매창을 만났고, 또 서로 연인으로 발전하여 애틋한 사랑을 나누게 되었다.

하지만 유희경은 당시 천출이며 상례 전문가로서 궁중이나 양반가에 초상이 나면 득달같이 달려가야 하는 몸이었다. 헤어지기가 못내 아쉬웠던 두 사람은 훗날 다시 만날 것을 약속하며 헤어졌다.

촌은이 서울로 올라가자 매창은 이제나저제나 그가 다시 돌아오기만을 애를 태우며 기다렸다. 하지만 유희경은 여러 달이 지나도 감감무소식이었다. 가을이 짙어만 가는데도, 소식 한 장 없으니 매창은 답답한 마음으로 아래와 같이 한시를 읊는다.

이화우梨花雨 흩날릴 제 울며 잡고 이별한 님
추풍낙엽秋風落葉에 저도 날 생각는가

천리에 외로운 꿈만 오락가락하도다

배꽃이 바람에 흩날릴 무렵 이별한 임을 낙엽이 지는 이 가을에 그리워하며, 꿈에서라도 간절히 보고 싶어 하는 마음을 애절하게 표현한 시다. 유희경의 마음도 매창과 하등 다를 바가 없었다. 그러나 얼마 후 왜군이 전 국토를 초토화한 임진왜란이 발발했다. 고래 등 같은 궁궐이 하루아침에 잿더미가 되었고 만인지상의 임금이 의주로 몽진하는 험난한 시국 속에서 사랑이란 사치에 불과했다.

세월은 유수같이 흘러 15년만인 1607년 유희경과 매창은 다시 만났다. 남자는 환갑이 넘은 63세의 양반이었고, 여자는 35세의 퇴기였다. 두 사람은 눈물 흘리며 두 손을 부여잡았지만, 유희경으로서는 예전처럼 연인과 자유로운 로맨스를 즐길 수 있는 처지가 아니었다. 행여 고약한 소문이라도 나는 날에는 자신은 물론 자손들에게까지 흠결이 미칠 것이다. 그런 남자를 보면서 매창은 절망하는 마음이 컸을 것이다.

그로부터 3년 뒤인 1610년 매창은 38세의 나이로 세상을 떠났다. 오랜만에 만난 정인은 그녀의 꺼져가는 불길을 되살려주지 못했다. 매창은 부안읍 남쪽 봉덕리 뒷산에 손때 묻은 거문고와 함께 묻혔다. 그녀의 부음을 들은 유희경은 허전한 마음으로 다음과 같은 시를 지었다.

향기로운 넋 홀연히 흰 구름 타고 가니
하늘나라 아득히 머나먼 길 떠났구나

다만 배나무 정원에 한 곡조 남아 있어
왕손들 억진의 노래 다투어 말한다오.

그에게 있어 매창은 선녀였고 귀인이었다. 유부남으로서 영혼을 바쳐 사랑했건만, 그것은 세상의 눈으로 보면 한때의 풍류였을 뿐이다. 야속한 것은 자신을 기다려주지 않고 덧없이 흘러가 버리는 세월이라 생각하며 한탄했다. 촌은은 그런 마음으로 세상을 떠난 한때 연인이었던 매창을 그리워하며, 위와 같은 글을 남겼을 같다.

매창은 특별한 미인은 아니지만, 매력이 넘친 기녀였단다. 그 많은 시를 노래하고 거문고까지 잘 탔으며 성품도 지조를 지키는 고결한 여인이어서 그랬을까? 열아홉 꽃다운 순정의 열기가 눈덩이처럼 뭉치고 뭉쳐서 빗물이 되었던 춘우春雨, 그것은 분명 비가 아니라 눈물이었다. 창오산이 무너지고 상수가 말라야 그 시름이 녹아난다고 고백했던 매창, 그러기에 그녀의 가슴은 구의봉을 덮은 뭉게구름이 되어 외롭게 긴 밤을 보내야만 했나 보다.

매창의 꽃 무덤을 보는 순간 그녀가 그리 고운 나이로 이승을 떠났으니, 묘 속에 그대로 한 송이 꽃처럼 누워 있고, 그 옆에는 거문고가 매창을 지켜주고 있을 것만 같다. 그런 상상을 해보니 어쩐지 그녀를 생각하면 마음이 짠하게만 느껴진다.

(2018. 5. 22.)

5부

지렁이의 울음소리

생애 첫 장사 체험/ 억지로라도 사랑하자/ 오솔길을 걸으며/ 울려라, 평화의 종을/ 일상에서 느끼는 작은 행복/ 즐겁고 보람 있게 보낸 설 명절/ 지렁이의 울음소리

생애 첫 장사 체험

나의 체질은 한의학에서 말하는 사상 체질 중에서 소음인이라고 한다. 그래서 그런지 항상 몸이 냉한 편이어서 추위를 견디지 못하며, 자칫하면 묽은 변을 보고, 감기를 달고 사는 체질이어서 어려움이 많다. 어느 날 KBS 방송에서 생강을 자주 먹으면 그런 일들이 없어진다고 하기에, 가끔 생강을 사 차로도 마시고 조청을 만들어 자주 먹었더니 효과가 있는지 그런 증세들이 조금은 완화되었다. 생강을 먹으면 속이 따뜻해지니 냉한 성질의 채소나 과일을 골고루 섭취할 수 있어서 나에게는 아주 고마운 채소이다.

나의 건강에 좋다는 것을 알고, 남편은 생강을 텃밭에 많이 심었다. 그러면서 넉넉하게 심었으니 잘 먹도록 하란다. 생강품종은 소 생강, 중 생강, 대 생강으로 구분된다. 생강은 고온 다습한 토양에서 재배하는 채소이고, 4월 말에서 5월 초에 정식定植하여 10월 말에서 11월 초순경에 걸쳐서 수확한다. 남편이 선택한 것은 대 생강이라서 육질이 유연하고 매운맛이 적다. 그것을 가꾸기 위하여 더위도 마다하지 않고 열심히 잡초 제거, 물주기, 거름주기 등을 하더니 11월 초순 어느 날 생강 수확을 해야 한다며 일하기에 바빴다. 그렇게도 좋은지 얼굴에는 환한 미소가 사라지지 않는 것을 보고 '자기가 좋아하는 것을 스스로 하면 저렇게 행복한 마음으로 일을 할 수 있구나!'라고 생각을 했다. 그런데 품종이 대 생강이고 남편이 정성을 다해 가꾸어서 그런지 생각보다 많은 양이 생산되었다. 남편이 나에게 그토록 관심을 두니 아주 고맙다.

나는 그 귀한 생강이 상해서 버릴까 두려워 집 근처에 있는 로컬푸드에 팔기 위해 회원으로 가입했지만, 그 뒤 아무리 기다려도 연락은 오지 않았다. 집에서 가공식품으로 만들자니 양이 너무나 많아 힘들겠다. 어느 날 싼 가격으로라도 팔아서 종자 값이라도 받을 요량으로, 내장산을 찾는 단풍 관광객들에게 팔아보기로 했다. 생강이 상하기 전에 팔려고 하니 내 마음이 아주 조급해졌다.

그래서 남편과 둘째와 함께 생강 포대, 가격표, 비닐봉지 그리고 지갑을 준비한 뒤 오후 두 시쯤 내장산 입구로 갔다. 예상대로 많은 사람이 오가고 있었다. 사실은 창피함을 무릅쓰고 길거리에서 생강을 팔려는 가장 큰 이유는 상하기 전에 팔아야 하기 때문이있다. 또 이런 체험을 통하여 '수필 글감'도 얻을 수 있을 것이라는 생각 때문이었다. 창피하다는 마음은 버리기로 했다. 오히려 무료한 시간을 관광객과 함께 하고, 아름답고 화려하게 물든 단풍도 덤으로 볼 수 있어서 참 좋을 거라는 생각을 했다. 때마침 단풍이 아름답게 물들어 보기가 좋았다. 거기에다 날씨까지 어찌나 맑고 포근하든지 조금도 어려움은 느낄 수 없었다. 더구나 플라스틱 의자에 방석을 놓고 앉아 있으니,

몸이 편안하고 누가 본다고 한들 대수냐 싶었다.

그런데 남편은 내게 맡긴 채 승용차에서 꼼짝을 하지 않았다. 차 안에서 내 모습만 멀뚱멀뚱 바라보고 있는 남편의 모습이 안타까웠다. 체면 때문에 차마 나오지 못하고 있는 남편은 밖에 나와 있는 나보다 더 답답하고 힘들지도 모르지만 내 입장은 그것이 아니었다. 두 사람이 힘을 모으면 이런 일쯤이야 해결할 수 있지 않나 싶었다. 그러나 곰곰 생각해보니까, 나이 지긋한 남자가 노점상을 하기에는 아주 어색하고 창피할 것 같았다. 가꾸느라 고생한 남편한테 체면까지 구기게 하고 싶지는 않았다.

그러거나 말거나 나는 해가 저물기 전에 어서 팔아야 한다는 생각이 나를 짓누르고 있었다. 그래서 바쁘게 서둘러 나 혼자서 팔기로 작정했다. 그런데 내 생전 처음으로 해보는 일이어서 생각한 대로 많이 팔 수 있을지 모르겠다. 행인들을 붙잡고 나는

"싸게 드릴 테니 생강 좀 사세요."

라고 몇 차례 외치고 또 붙잡아보아도 행인들은 듣는 척도 안 하고 지나가 버렸다. 한참 뒤에 중년쯤 되어 보이는 어떤 아줌마가 약간 관심이 있는지 생강을 이리 보고 저리 보고 하였다. 그래서 사려는가 보다 했더니 보기만 하고 그냥 가버렸다. 그다음 아줌마도 잠깐 보기만 하고 그냥 가버린다. 한 사람이 사게 되면 많은 사람이 연이어서 살 텐데 안타까웠다. 한 사람반이라도 사기를 고대했으나 매몰차게도 모두 그냥 지나가 버리는 게 아닌가!

어느 정도 예상은 했지만, 이 정도일 줄은 몰랐다. 군밤처럼 그 자리

에서 먹을 수 있는 것 같으면 몇 사람이라도 살 텐데, 김장 때나 쓰는 생강을 관광지에서 누가 사겠는가? 그분들의 행동이 당연하다는 생각이 들었다.

나는 기어이 한 사람에게라도 팔아볼 요량으로 그 부근에 있는 생태공원으로 옮기자고 했다.

그랬더니 남편은 너무 늦어서 안 된다고 하였다. 할 수 없이 하나도 팔지 못한 채 구 시장으로 갔다. 별수가 없어 도매로 넘기려고 가격을 알아보니 10kg에 12,000원이라고 하니 종자 값도 안 된다. 어느새 시간이 지났는지 어둑발이 내리고 있었다. 나는 썩히는 것보다 차라리 도매가격으로 넘기는 것이 낫겠다고 생각해 막상 팔아야만 했다. 참으로 기가 막혔다.

거대한 공간에 좁쌀 같은 우리 인생, 얻으면 얼마나 얻고 잃으면 얼마나 잃을까. 다투고 할퀴고 생채기 내는 우리 인생, 천하를 주유하며 자유 분망하게 살다가 간 김삿갓의 삶이 부러울 뿐이다.

이제야 농민들의 심정을 조금이나마 알 것 같았다. 농민들이 1년 동안 피땀 흘려 벼농사를 지어 보니 쌀 80kg 한 가마에 14만 원도 안 되다니, 너무나도 기가 막히고 억울하여 시청 앞에서 시위하고 그랬던 것을 이제야 알 것 같았다. 역지사지易地思之라고 했던가? 그분들의 입장에 서 보았으니 이제는 농산물을 살 때에는 제값을 주도록 노력하겠다고 마음속 깊이 다짐해 본다. 오늘 장사체험을 통하여 나는 농민들의 노고와 아픔을 조금이나마 헤아릴 수 있었지 않았나 생각한다.

(2016. 11. 12.)

억지로라도 사랑하자

나에게는 시어머니가 두 분 계셨다. 남편을 낳아주신 분과 길러주신 분이다. 생모는 손자를 아주 귀하다고만 하시지 기르지는 못한다고 하셨다. 자식 7명을 낳아 기르느라 지쳐서 이제는 아이를 기를 수 없다는 것이었다. 그래서 내가 낳은 아들 셋은 양養시어머니께서 길러주셨다.

그런데 아이 셋을 다 길러놓고 이제 편안하게 사실만 하니 고관절에 문제가 생겨 수술을 해야 했다. 전북대병원에서 수술하시고 어머니께서 목발에 의지하여 겨우 거동을 하시게 되니 집안 살림살이를 하는데 큰 문제가 생겼다. 나는 직장에 다니면서 시어머니 병간호에다 집안일까지 도맡아 하느라고 엉덩이를 땅에 붙일 틈이 없었다. 일에 시달리다 보니 내 몸도 지쳐서 말할 수 없이 야위어갔다. 하지만 나는 그동안 우리 애들을 키워주시느라 고생하신 시어머니를 위해 7년 동안 병간호하며 모셔야 했다.

어느 날 성령 세미나가 있어서 성당에 갔다. 어떤 자매가 시어머니를 지극 정성으로 모신 일에 대해 신앙 간증을 했다. 그녀의 시어머니는 치매증세가 심하여 대소변을 가리지 못하고 심지어 변을 벽에 바르거나 서랍 안의 옷에다 바르기까지 하였다고 했다. 그녀의 이야기를 듣고보니 내 시어머니는 정신도 맑고 그런 행동은 안 하니, 그녀와 비교해 나의 어려움은 별것이 아니었다. 그래서 앞으로는 기쁜 마음으로 어머니를 보살펴드리겠다고 결심했다.

어머니의 수술 부위 상처가 아물지 않아 가끔 고름이 차올랐다. 그럴 때마다 남편이 소독하고 치료를 했지만 방안에는 고약한 냄새가 가시질 않았다. 거동하지 못하는 어머니를 우리 부부는 들어 옆쪽에 옮긴 뒤 피고름으로 범벅이 된 이불을 가위로 잘라 내거나 새것으로 자주 바꿔드려야만 했다. 나는 병간호하느라 힘이 들었지만 아무런 불평 없이 했다. 낮에는 직장에 나가 근무를 하고 저녁에는 간병을 했다. 그 당시는 요양 시설이 없던 시절이라 7년 동안을 그렇게 모셨다. 그러다 시어머니는 81세에 돌아가셨다. 장례식도 집에서 치르며 많은 고생을 했다.

남편의 생모이신 시어머니는 당신 자식 교육이나 결혼까지도 전부 나에게 맡기시고 사셨다. 나는 그런 시어머니가 야속했지만 어쩔 수가 없었다. 덕을 쌓기는커녕 짐만 지워주는 시어머니가 아주 이해가 안 되었다. 그런 시어머니께서 94세까지 사시다가 지난해 11월 11일 선종하셨다.

사십구재인 12월 29일에 처음에는 성당에서 미사를 드리고 가족들끼리 식당에서 식사를 나눈 뒤 산소에 가기로 했다. 그런데 남편은 남매들이 집에서 하자고 하니 우리 집에서 사십구재를 드려야겠다고 한다. 나는 오히려 이번 기회에 대청소도 해 집안 분위기 한번 바꿔보는 것도 괜찮을 것 같아 부담은 가지만 그리하기로 했다.

행사 전날 도우미 아줌마를 불러 집안을 깨끗하게 청소하고 분위기를 환하게 바꾸어 놓았다. 제사음식은 가족들 식성 위주로 수육, 홍어, 홍게, 전복, 피조개, 너비아니, 더덕술 등을 비롯하여 여러 가지 음식을 능준하게 준비하였다. 그래야만 이웃에게도 베풀 수 있을 것 같았다. 준비를 잘했어도 나의 표정이 어두우면 안 될 것 같아 밝은 모습을 보이기로 했다. 약속한 시각 정오가 되자 벨 소리가 울렸다. 재빨리 나가서 문 앞으로 나갔다. 시동생, 동서, 시누이, 조카들이 밝은 표정으로 들어왔다. 나는 '어서 오세요.' 하고 악수를 청하며 낱낱이 포옹을 해주었다. 모두 웃으며 좋아했다.

그런데 이게 웬일인가? 남편보다 두 살 적은 시동생이 악수를 마다한다. 평소에 서로 악수를 해 왔고 그런대로 원만하게 지냈기 때문에 나는 깜짝 놀라지 않을 수 없었다. 가족들이 보는 앞에서 자존심이 상했지만 내가 생각을 바꾸기로 했다. 그래서 제일 비싼 홍게찜 접시를 그 시동생 앞에 놓으면서

"미운 사람 떡 하나 더 주면 되지요."

하고 웃으며 이야기하자 약간은 가라앉았던 분위기가 다시 살아나며 웃음바다가 되었다. 제례를 지내고 다들 배가 고프다면서 음식을 아주 맛있게 먹었다.

그런 뒤, 산소(순창)에 갔다가 또 저녁 식사를 하고 나서 일일이 음식을 다 싸주며 집에 가서 먹으라고 하니 시누이, 동서, 며느리가 수다

를 떨면서 음식을 챙기고 있는 모습이 매우 보기 좋고 흐뭇했다.

분위기를 그렇게 원만하게 해서 보냈지만 다들 떠난 뒤에 시동생의 행동이 마음에 걸렸다. TV를 보면서 쉬고 있는데 시누이한테서 문자가 왔다. 오늘 수고가 많았다며 고맙다는 내용이었다. 나는 이 기회에 스트레스를 풀기로 했다. '거동이 불편한 내가 그토록 준비를 다 했음에도 시동생이 그렇게 행동을 하느냐?'면서 계속 속 풀이 문자를 시누이에게 날렸다. 내 속에 있던 마음들을 모두 토해냈다. 그랬더니 조금이나마 후련해졌다.

내가 사는 동안은 '화목'을 가장 우선순위로 알고 살아왔는데 오늘 상황이 이렇게 되었다. 화목도 둘이 서로 맞아야 하지 나 혼자만의 힘으로는 할 수 없나 보다. 저녁이 되었으니 그날 밤은 그냥 그렇게 잘 수밖에 없었다. 아침에 일어나니 2019년 새해가 밝았다. 제일 먼저 우리 며느리에게

"새해에는 건강하고 모든 일이 잘 풀리길 바란다. 복 많이 받아라."

라며 전화를 했다. 며느리는

"제가 먼저 드려야 하는데 어머니가 먼저 하셔서 죄송해요."

하고 말한다. 나는 며느리에게

"누가 먼저 하면 어떠하니? 전화는 사랑하는 사람이 먼저 하는 거란다."

하고 말했더니 웃었다.

자식들, 형제자매들, 교수님, 친정 올케들, 친구들, 모임 친구, 수필 모임 친구들, 교우들에게도 전화하니 너무 좋아한다. 하루 내내 새해

인사를 하느라 바빴다. 어제 묵은 마음을 강물에 띄워 보내고 새로운 마음이 내 마음속으로 들어오니 내 얼굴이 해바라기 꽃처럼 밝아지고 희망이 용솟음친다.

원래 시동생하고 구순하게 지냈던 터라 그날은 자기 일이 잘 안 풀려서 그랬을 것으로 생각한다. 사람들은 자기 일이 잘 풀리면 표정부터 밝아지고 안 풀리면 괜한 일인데도 무뚝뚝하다. 그 시동생이 얼마 전 일본까지 가서 '가상화폐'에 관한 모임에 다녀왔는데 그 문제가 뜻대로 안 되었던가 보다. 나는 남의 단점만을 말하거나 무례하게 함부로 행동하는 사람을 미워한다.

사람은 길지 않은 세상을 왜 그리 보채면서 사는 것일까. 숨을 쉬고 살아가며 이렇게 실존한다는 사실은 엄청난 축복이다. 그런데 왜 사람들은 그런 고마움을 외면하는가. 그렇지만 나는 인생을 살면서 미운 사람이 있거들랑 억지로라도 사랑하려고 노력하다 보면 '언젠가는 그것이 참사랑으로 바뀔 수 있음'을 믿는다.

(2019. 1. 5.)

오솔길을 걸으며

여느 때처럼 우리 부부는 미사를 드리고 내장산으로 향했다. 처음에는 남편과 함께 얼마 동안 오솔길을 걸었다. 걷기가 조금 힘이 들 무렵 저만치에서 의자가 나를 반기며 어서 와서 쉬었다 가라고 한다. 나는 의자에게 잠시 내 몸을 맡기기로 하였다. 남편은 요사이 너무 더워서 운동을 많이 못 했다며 내장사 방향으로 걷기를 계속했다. 쉬고 있는 동안 나는 계곡 쪽을 향해 눈길을 돌렸다. 계속되는 더위와 가뭄으로 골짜기는 전보다 물의 양이 많이 줄어들었다. 살랑 불어오는 바람에 낙엽이 하나 둘 내 앞에서 가볍게 몸을 빙그르르 휘돌며 내려앉는다.

잠깐 사이에 벚나무, 느티나무, 참나무, 굴거리 나무의 이파리들도 빙빙 한 바퀴 돌다가 냇가에 맥없이 내려앉는다. 누르스름한 잎, 진한 갈색을 띤 잎, 크고 넓은 나뭇잎, 그보다 아주 작은 이파리들이 무리 지어 누워 있다. 그리고 작은 구멍이 나 있는 것, 잎 가장자리가 찢겨져 있는 것이 있는가 하면, 어떤 것은 온전한 모습을 그대로 간직한 것들도 있다. 원래 나뭇잎은 9월 말부터 11월 초 사이에 물이 들어야 하는데, 저 이파리들은 가뭄이 심해서 도저히 견디기 너무 어려웠던가 보다.

나는 땅에 내 동그라진 나뭇잎이 측은한 생각이 들어 말을 걸어 보았다.

"얘야! 그동안 무더운 여름을 나느라고 너무 힘들었지?"

"네, 저는 태어날 때부터 약하게 태어나 지금까지 지내느라 힘들고 지쳐 버렸어요."

짐작건대 내가 이야기를 건넨 낙엽은 나이가 대략 40대쯤으로 보였다. 100세가 되어 떨어지려면 나뭇잎은 평소 건강관리를 잘해야 할 것이고, 그렇게 되면 11월이 다 되어서야 나무의 줄기에서 떨어져 나올 것이다. 어떤 나뭇잎은 아프다고 신음하며 누르스름한 빛을 띠고 있다. 자세히 보니, 건강치 못하게 살아온 나뭇잎처럼 생각되었다.

"얘야! 마음이 짠하구나! 더 노력하고 건강관리에 힘쓰지 그랬니? 하기야 요사이 너무 가뭄이 심해서 사람들이 자기들만 물을 실컷 마시고 너희들에게는 미처 물을 주지 못했었구나. 너무 이기적이어서. 정말 부끄럽고 미안하구나."

라고 나는 낙엽에 미안한 마음을 전했다. 땅바닥에 떨어져 있는 낙엽들은 등산하는 사람의 발에 밟혀 얼굴을 찡그리며 고통스러워하고 있었다.

'툭' 하고 무슨 소리가 나는 것 같아 주위를 살펴보니 아직도 초록색을 간직하고 있는 이파리 몇 개가 달린 가지가 불어오는 바람에 몸을 지탱하지 못하고 길바닥으로 추락한 것이다. 왜 저렇게 젊은 나이인데도 세상을 포기해야만 할까! 아마 사고라도 난 모양이었다. 큰 사고라면 여기저기가 저리 성한 모습은 아닐 터인데 그러지 않은 게 무슨 까닭일까?

가을에나 출현하는 고추잠자리가 나뭇잎이 모두 떨어지고 가느다란 대만 남아 있는 단풍나무 꼭대기 위에서 누군가를 기다리고 있는 듯 보인다. 내가 생각한 대로 얼마 뒤에 잠자리 두 마리가 날아왔다. 그들은 짝짓기를 통해 자기 종족을 퍼뜨리기에 열중하고 있었다. 젊은 부부들도 포기하지 말고 어떻게 해서든지 후손 늘리기에 온갖 정성을 다했으면 참 좋으련만….

저만치에서 하얀 나비 한 마리가 이리저리 날아다니며 노는 모습이 마치 천사처럼 느껴졌다. 나뭇잎의 안전을 살피라고 하느님께서 보내신 모양이다.

내가 앉아 있는 의자 바로 옆에 있는 느티나무를 쳐다보았더니 한 그루가 밑동부터 아홉 가지나 되어서 공골 차다. 아무리 바람이 세게 불어도 절대 끄덕하지도 않고 넘어지지도 않을 성싶다. 잎도 드레드레 달려 있다. 하느님께서 이 나무만 유난히 사랑해주시어 이띠한 고난이 닥치더라도 이겨내도록 배려해주시나 보다. 무엇이든지 혼자보다는 여럿이 힘을 모으면 아무리 어려운 상황도 모두 이겨낼 수 있을 것 같다. 그래서 많은 자녀를 두어야 한다고 옛 어른들은 말씀하셨던 것 같다.

고개를 들어 하늘을 보니 푸른 하늘에 마치 얼음 조각처럼 보이는 구름이 둥둥 떠 있다. 이렇게 심한 폭염에 저 구름이 조그마한 얼음 알갱이들을 집마다 모아다 이 무더위를 쫓아준다면 얼마나 좋을까? 특히 어렵게 사는 이웃들에게 저 얼음 알갱이들을 선물해준다면 더 고마울 것 같다.

이곳에 오면 언제나 바람이 선선하여 마음이 산뜻해진다. 졸졸졸 흐르는 맑은 시냇물과 청정한 숲이 뿜어내는 향기로움을 잔뜩 품은 시원한 바람이 가벼이 지나간다. 향긋한 내음을 좇아 걷다 보면 이름 모를 새들의 노랫소리가 시냇물 소리와 어우러져 내 가슴을 시원하게 적셔주는 것만 같다. 얼마나 우리에게 건강하고 아름다우며 유쾌한 터전인가.

이곳은 봄이면 갖가지 화사한 꽃들이 우리를 반기고, 여름에는 숲이 우거져 마음 편히 걸을 수 있어서 피서도 되고 운동이 되니 일거양득이다. 가을에는 오색찬란한 단풍이 우리를 황홀경에 빠지게 한다. 눈이 내리는 겨울에는 설경이 너무나도 아름다워 내가 천국에라도 와 있는 기분이다. 이 모든 것들이 내가 오솔길을 자주 찾는 이유다.

(2018. 7. 3.)

울려라, 평화의 종을

온 세계의 이목이 쏠린 가운데, 우리 겨레 팔천만 모두가 그토록 바라고 바라던, 평화통일의 초석을 놓는 3차 남북 정상 회담이 판문점 우리 측 평화의 집에서 열리는 날이다. 문 대통령이 일행과 함께 아침 8시에 청와대를 출발하여 판문점으로 향하는 모습이 뉴스에 보도되었다. 나는 오늘 회담이 평화통일을 위한 다시없는 기회가 되기를 간절한 마음으로 기도하였다.

오전 8시 30분경, 문재인 대통령은 북한 최고 지도자로는 사상 최초로 남한 땅을 밟는 김정은 위원장을 군사분계선 남쪽에서 반갑게 맞으며 서로 인사를 나누었다. 그러면서 문 대통령이 김 위원장에게

"나는 언제 북한 땅을 밟을 수 있겠느냐?"

하고 말하자, 김 위원장은

"지금 바로 북한 땅으로 넘어가시지요."

라면서 깜짝 제의하자, 두 정상이 다시 군사분계선을 넘어 월북하는 해프닝을 벌임으로써 참석자들의 폭소와 박수를 유도하기도 했다. 이어서 두 정상은 전통의장대의 호위를 받으며, 공식 환영식장으로 이동

하여 의장대 사열을 받은 다음, 평화의 집으로 이동했다.

평화의 집 1층에 들어선 김 위원장은 방명록에 "새로운 역사를 이제부터, 평화의 시대, 역사의 출발점에서"라는 내용의 서명을 한 뒤에 잠시 접견실에서 대담을 나눈 다음, 오전 10시 15분부터 본격적인 남북 정상 회담에 들어갔다. 한반도의 정전 체제가 평화체제로 가는 큰 걸음을 내딛는 두 정상의 회담 장면은 전 세계의 이목을 집중시켰다. 남과 북의 분단 역사에 종지부를 찍기를 기대하는 마음 간절하였다.

오전 100분간의 정상 회담을 마치고 남과 북의 정상은 자기 처소로 돌아가 점심을 먹은 뒤에 휴식을 취했다. 그리고 오후 4시 30분경에, 남북 정상은 정주영 회장이 1001마리의 소를 싣고 방북했던 판문점 바로 그 길옆 군사분계선 위에 1953년생 소나무 한 그루를 심었다. 이는 소나무에 한라산과 백두산의 흙을 덮고, 대동강과 한강 물을 뿌려줌으로써, 남북이 하나 되도록 마음을 모아 평화와 번영을 기원한다는 의미를 갖는 행사라고 생각되어 코끝이 시큰거렸다. 이를 바라보는 남북의 모든 동포의 마음도 그렇게 하나로 모아지기를 간절히 빌어본다. 이어서 도보 다리 끝자락에 마련된 의자에 앉아 배석자 없이 두 정상은 다정한 모습으로 대화를 나누었다. 두 분이 30여 분 동안 진지하게 정성을 다해 민족의 평화와 발전을 위해 대화하는 모습을 보여주어 참으로 꽁꽁 얼어붙었던 마음이 녹아내리는 것 같았다. 그런 뒤, 오후 6시에 두 정상은 공동 합의문을 발표하였다.

판문점 선언으로 명명된 합의 내용의 주요 골자는 남북관계의 전면적이고 획기적인 개선과 발전, 군사적 긴장 상태 완화, 그리고 종전을 선언하고 한반도에 평화체제를 실현한다는 내용이었다. 세부항목을 살펴보면 완전한 비핵화, 일체의 적대행위 전면 중지, 확성기 방송금지와 전단 살포 금지, 비무장지대의 실질적인 평화지대화, 쌍방 당국자가 상주하는 남북공동 관리사무소를 개성에 설치하겠다는 내용, 실질적인 남북 간의 경제교류 등이 포함되었다.

"판문점은 평화의 상징이다. 통일의 속도를 앞당기려면 만리마처럼 빨리 가겠다."

라는 김정은 위원장의 말에서 평화를 이루고야 말겠다는 굳은 의지가 있음을 느꼈다. 제발 모든 약속이 꼭 지켜지기를 기대하는 마음 간절했다.

만찬 행사를 마친 뒤 남북 정상 내외와 그 일행들이 참석한 가운데 환송 행사가 진행되었다. '하나의 봄'이라는 주제로 우리 역사의 희로애락을 아리랑으로 표현하고, 평화의 집 외벽 화면에 나비가 남북을 자유롭게 날아다니는 모습을 영상으로 보여주었다. 우리 겨레 모두가 남과 북녘 땅을 나비처럼 자유롭게 왕래하도록 하자는 우리들의 간절한 염원이 담겨있는 내용 같았다. 김 위원장 일행은 우리 측 인사들과 아쉬운 작별인사를 나눈 뒤, 9시 30분경에 북측으로 돌아갔는데 그가 한 약속이 틀림없이 이루어지기를 바란다.

유엔과 미국이 제재 풀고 경제교류가 활발하게 이루어지며, 남북 정상 회담을 정기적으로 진행하고, 8 · 15계기 이산가족 상봉이 이루어지려면 북미 간에 정상 회담이 잘되어야 한다. 그렇게 되어야만 비로소 남북 간의 합의 내용이 제대로 실현이 될 수 있을 것이다. 나는 이산가족 상봉 행사가 하루바삐 이루어지기를 희망한다. 혹여 만나야 할 사람들이 그사이에라도 뜻을 이루지 못하고 세상을 떠나버릴까 걱정이 되어서다.

위와 아래가 하나로 연결되고 빨강과 파랑이 굽이쳐 어울리며, 한반도가 남북이 구분 없이 한길로 이어진다. 평화의 종이 울리고 화사한 신록이 부풀어 오르는, 절대 오지 않을 것만 같던 꿈같이 아름답고 환한 봄이 한반도에 물밀 듯이 밀려올 날이 있을 것으로 믿는다. 많은 사람과 함께 우리 부부도 몇 년 전부터 한반도 평화통일을 위한 기도를 꾸준히 해오고 있다. 이제 우리들의 기도가 하늘에 닿아 한반도에 평화의 종이 울릴 그날이 서서히 다가오고 있음을 굳게 믿는다.

(2018. 4. 27.)

일상에서 느끼는 작은 행복

나는 지금까지 '행복은 자기 자신의 마음속으로부터 온다.'고 알고 있었다. 사람은 항상 행복을 추구하며 산다. 우리나라는 여러 분야에서 큰 발전을 이루어 선진국수준에 도달한 나라이지만 행복지수는 그리 높은 편이 아니라고 한다.

과거와 비교하면 의식주 생활이 크게 향상되고 문화시설이 좋아져서 너무 살기 좋은 세상이 되었다. 하지만 소득수준이 낮은 사람들이나 일자리를 갖지 못한 젊은이들 그리고 장애자와 노약자들은 지금도 어려운 삶을 살아가고 있다. 특히 자살률이 OECD국가 중에서 10년째 1위라고 하니 안타까운 마음 그지없다.

행복이란 과연 무엇일까? 자기가 하고 싶은 일을 하고 또 그 일에 성공하거나, 자신에게 도움이 되는 일을 할 때 느끼는 것이 바로 행복 아닐까? 또 이웃에게 도움을 주는 일을 할 때 얻어지는 게 아닐까? 사람들은 행복이 쾌락이나 명예처럼 뚜렷해 보이는 그 어떤 것이라고 생각한다. 하지만 사람들은 서로 다른 것들로부터 행복을 추구하고 또 그것을 이루었을 때 행복하다고 느낀다.

오늘 아침 나는 잠깐 행복을 느낄 수 있었다. 평소에 음식물 쓰레기를 비우는 일은 남편 몫인데 치질 수술로 입원하고 있으니, 내가 남편의 힘을 조금이라도 덜어주기 위해 쓰레기를 버리기로 했다. 쓰레기통을 들어보니 별로 무겁지 않았다. 전에도 내가 비우려다가 너무 무거워서 포기한 적이 있었는데, 오늘은 가벼워서 비우는 데 별 어려움은 없었다.

새벽이라 공기가 맑고 어찌나 상쾌한지 곧바로 집에 들어가고 싶지가 않았다. 아침 운동코스인 정읍사공원과 전북과학대학교 운동장을 걷다 돌아오니 한 시간 정도 걸렸다. 아침 일찍 운동을 마치고 나니 기운이 샘솟는 것 같아서 참 좋았다. 남편은 귀하게 자라서 궂은일을 마다하더니, 요즈음에는 모든 일을 으레 남편이 다해오고 있다. 남편을 대신해서 내가 그 일을 한다는 게 너무도 행복했다.

한 시간 동안 상쾌하게 걷기 운동할 수 있어서 행복했다. 집에 와서 내가 좋아하는 양파 김치와 김, 된장국, 찹쌀밥을 먹고 나니 꿀맛이어서 행복했다. 그리고 아들이 사준 노트북이 집에 도착해서 행복하고, 거울을 보니 내 얼굴이 조금은 핏기가 도는 듯 보여서 행복했고, 이리저리 생각해보니 너무도 많은 것 같다. 이 행복!

요사이 나는 또 하나의 행복을 찾았다. '아양 사랑 숲'을 남편과 함께 도중에 쉬지 않고 올라갈 수가 있게 되었다. 전에는 그 산이 약간 경사가 진 곳이라 넘어질까 봐 조심스러워 가지 못했다. 처음에는 세 살배기 아기가 걷는 것처럼 겨우겨우 걸어갔었다. 그 뒤, 꾸준히 걷기 연습을 한 결과 지금은 그런대로 잘 걸어 올라간다. 그곳에 갔다 오는 날이면 얼마나 기분이 상쾌하고 뿌듯한지 모르겠다. 내 몸의 근육이 조금이라도 붙는 것 같고, 심폐기능도 조금씩 좋아지는 것 같아서 매일 그곳에 갔다 오면 매우 행복하다.

앞으로 계속 그곳에 올라가다 보면 힘이 생겨 어느 곳이든지 갈 수 있겠다는 희망이 용솟음친다. 마음만 바꾸면 여기저기에 행복이 나에게 미소 짓는다.

(2019. 2. 25.)

즐겁고 보람 있게 보낸 설 명절

내겐 고관절 수술로 참으로 힘들고 고통스러웠던 정유년 한 해가 지나가고 무술년 설 명절을 맞이하였다. 설날 아침, 대부분 가정에서는 차례상을 준비하느라 바쁘다. 우리 집은 천주교를 믿는 가정이라서 차례 준비를 우리 가족의 식성에 맞게 간편하게 차린다. 젊은 시절에는 도움을 준 적이 없던 남편이, 요즘에는 나에게 미안했던지 상을 내놓고 병풍을 펴고 그릇까지 준비하여주니 매우 고마웠다.

가족들과 서로 세배로 인사를 나누고, 덕담을 건넨 뒤에, 차례를 지내고 식사를 나누었다. 나는 사실 며칠 전부터 '설 명절을 어떻게 하면 재미있고 뜻있게 보낼 수 있을 것인가?'에 대하여 많은 생각을 하였다. 그러다가 '가족끼리 서로를 칭찬을 해주는 기회를 가졌으면 좋겠다.'는 생각이 들어 칭찬 릴레이 게임을 하기로 마음먹었다.

식사를 마친 뒤에 가족 모두가 얼굴을 마주하며 둥그렇게 빙 둘러앉았다. 나는 먼저 여섯 살 된 귀염둥이 손녀에게 자그마한 곰 인형을 주면서 누구라도 좋으니 한 사람 앞에 놓으라고 했다. 그랬더니 눈치 빠른 손녀가 재빨리 서방님 막내아들 앞에 곰 인형을 갖다 놓는 게 아닌가. 그러자 조카는 나를 멀뚱멀뚱 바라보면서 어떻게 할 것인지 궁금해 했다. 손녀 아이의 귀여운 모습과 당황해하는 조카의 모습을 보더니, 가족들은 한바탕 큰소리로 웃어 젖혔다. 나는 곧바로 곰 인형을 받아든 조카를 칭찬하기 시작했다. 조카는 여러 번 이론 시험을 치른 뒤에야 겨우 운전면허증을 받았다. 그야말로 칠전팔기 끝에 얻은 결과였다. 그래서 매사를 조카처럼 꾸준히 노력하면 된다는 점을 칭찬하고, 일생을 살면서 항상 실패하더라도 실망하지 말고 꾸준히 노력하라고 말해주었다. 일찍이 나폴레옹도 알프스산맥을 넘으면서 병사들에게

"내 사전에는 불가능은 없다는 말을 하며 전쟁에 최선을 다해 승리했었다."

라는 이야기를 덧붙였다. 그랬더니 서방님과 조카는 기쁨을 감추지 못하고 아주 흐뭇하게 생각하였다.

그런 다음에 손녀 나윤이는 곰 인형을 자기 엄마(며느리) 앞에 가져다 놓았다. 또 가족들의 웃음이 이어졌다. 이번에는 우리 며느리가 사촌인 시누이를 칭찬했나. 우리 질녀가 서울에서 직장생활을 아주 열심히 한다는 것이다. 요즘같이 복잡한 세상에 꾸준히 회사에 다니며 열심히 사는 모습이 좋아 보였던가 보다.

남편은 아내 바보처럼 나를 칭찬했다. 우리 아내는 건강이 좋은 편이 아니지만, 의지력이 좋아서 열심히 책을 읽고, 항상 새롭고 바람직한 생각을 하며 남에게 웃음을 선사하려고 노력을 한다는 것이다. 어찌 되었든 기분은 아주 좋았다. 신아 문예 대학에 나가더니 덤으로

남을 칭찬하는 법을 잘 배웠나 보다. 가족들이 모두 기분이 아주 좋은 눈치이고 다음 기회에도 꼭 이렇게 하자고 조카가 말하니, 큰 상이라도 받은 것처럼 너무 기분이 좋았다. 여러 가지 준비물도 없이 모두가 기분 좋아지는 게임이니 얼마나 좋은가.

나는 설날 며칠 전부터 대부분의 지인에게 행복한 설을 보내라고 일일이 문자를 보냈다. 보다 더 정다운 느낌을 들도록 일일이 정성을 담아 보냈었다. 그랬더니 설날 오후 즈음에 내가 존경하는 L 문우로부터 "새해에도 복 많이 받을 거예요."라며 덕담을 해주었다. 그래서 나는 그분에게 우리 가족은 칭찬 릴레이 게임을 했더니, 가족들이 모두 좋아하더라고 자랑을 했다. 그 문우는 우리가 부럽다고 하면서 모든 가정이 그렇게 하면 참 좋겠다고 하였다.

정월 초하룻날 어쩌다 잘못하면 가족끼리 싸우기도 하고, 말을 함부로 하여 상처를 입히기도 한다. 그 결과 동기간에 서로 얼굴을 붉히게 되고 관계가 멀어져 마음이 편치 못한 가정도 많다고 들었다. 그런데 나는 집안일을 많이는 하지 못했지만, 가족들에게 기쁨을 선물했다고 생각한다. 세상을 살면서 생각을 조금만 달리해도 많은 사람에게 행복 바이러스를 전파해줄 수 있다. 맏며느리의 역할은 일을 얼마나 많이 하느냐보다 상대방의 입장에서 생각하고, 한결같게 행동하며 가족들 사이를 갈라놓지 않는 온유한 모습을 유지하는 게 아닐까 생각한다.

설 명절이 되기 며칠 전, 강한 추위와 세찬 바람 속에 많은 눈이 내렸다. 휴대 전화기에서는 노약자는 외출을 자제하고 몸조심하라는 문자가 빗발쳤다. 나는 며느리에게 얼른 전화를 걸어

"오늘처럼 폭설이 내리면, 안전이 최우선이니, 설에 우리 집에 오지 않아도 된다."
고 했다. 그런데 바로 그다음 날에, 언제 그랬냐 싶게 날씨가 포근해졌다. 며느리는 배려를 잘해주는 내가 고마웠던지 생각보다 하루를 더 빨리 내려왔고, 돈도 다른 때보다 더 많이 내 통장에 넣어주었다. 그렇게 고마울 수가 없었다.

설날 오후쯤 내 막내 여동생이 의정부에서 친정인 장성에 내려왔다고 했다. 그래서 동생에게 우리 집을 들러달라고 했더니, 두 자녀와 공학박사인 조카 내외와 함께 왔다. 이것저것 간식거리를 내놓았더니 먹으며 여러 가지 이야기꽃을 피우는 친정 여동생과 조카들의 모습이 해처럼 밝아 보여 너무 흐뭇했다. 나는 세뱃돈도 건네고, 몇 가지 간식거리도 싸주며 즐겁게 지내니 이제야 내가 언니와 고모, 이모 노릇을 조금이라도 한 느낌이 들어 행복했다. 모처럼 즐겁고 보람된 설날을 보낸 것 같은 하루였다.

(2018. 02. 17.)

지렁이의 울음소리

흙은 왠지 목화솜 이불처럼 따뜻하고 찾아가고 싶은 고향처럼 느껴지는 정겨운 단어이다. 내가 좋아하는 것 중 하나로 은은한 향기를 머금고 깊은 침묵 속에서 다가오는 흙 내음을 들 수 있을 것이다.

어린 시절 난 꽃을 좋아해 우리 집 앞마당 울타리 밑에 꽃모종을 심곤 하였다, 그런데 농사일에 바빠 정서적으로 여유가 없으셨던 아버지는 내가 심어놓은 꽃모종을 모조리 뽑아버리고 그 자리에다 돼지막을 짓거나 보릿단을 쌓아 두셨다. 집 주위에 남새까지도 심을 수 없었다.

또 아버지는 마당 한쪽에 퇴비를 쌓아두었다가 그 거름으로 이듬해 농사를 지었다. 그 퇴비 더미 속에는 보기에도 징그럽게 생긴 지렁이가 많아서, 나는 그 옆에는 가기도 싫었다. 그런데 어른들은 지렁이 같은 것은 대수롭지 않게 생각하였다.

나이가 들어 생각해 보니, 그 두엄자리는 돈도 안 들이고 아주 질 좋은 유기농 거름을 생산하는 공장이었다. 1년 농사를 짓는 데 없어서는 안 될 좋은 거름을 만드는데, 나는 철이 없어서 앞마당 가에 있던 꽃과 과일나무를 뽑아버린 아버지를 야속하게만 생각했었다. 나는 그런 아버지가 몹시 서운했지만 어려워 차마 말조차 꺼내지 못했다.

결혼한 지 8년 만에 단독 주택을 사 그곳으로 이사했다. 단독 주택이어서 겨울철에는 웃바람이 세게 들어왔다. 여름이 되면 앞마당 화단에는 내가 바라던 덩굴장미와 몇 그루의 화초, 그리고 석류나무가 자라고 있었다. 가을이 되면 석류가 빨갛게 익어가는 모습이 어찌나 보기 좋은지, 마치 환하게 웃고 있는 남편의 잇속 같았다. 그리고 덩굴장미가 담장 위로 뻗어 오르며 우듬지에는 붉은 꽃들을 피웠다. 나는 한동안 그 화려한 모습을 보면서 내 작은 소망이 이루어진 것 같아 행복했다. 비록 꽃과 나무는 몇 그루 안 되는 좁은 화단이지만, 가끔 그곳을 관리하느라 흙을 파헤치기도 하고 잡초를 뽑아내며 땀을 흘렸다. 흙냄새가 어찌나 향긋한지 그것에 취해서 힘든 줄도 몰랐다. 그 흙냄새는 무어라 표현할 수 없는 고향의 냄새라고나 해야 할까! 아주 정겨운 냄새였다.

어느 날, 나는 흙을 파헤치다가 몇 마리의 지렁이를 발견했다. 처음에는 멈칫했지만, 곰곰 생각해 보니, 이 땅은 건강한 땅이라는 생각이 들었다. 그리 생각하니 징그러운 마음이 이내 사라졌다. 지렁이는 많이 놀란 탓인지 꿈틀꿈틀하더니 잠깐 사이에 어디론가 사라져버렸다.

그런 뒤 어느 날 저녁에, 거실에서 휴식을 취하고 있는데 집 앞 창밖에서 귀뚜라미의 소리가 아주 요란하게 들려왔다. 분명 귀뚜라미가 있을 것 같아 현관문을 열고 나가서 창문 주위를 살펴보았으나, 아무리 보아도 귀뚜라미는 보이지 않았다. 조금 전 소리가 났었는데 귀뚜라미가 보이지 않아 아마도 벽 틈 안에나 있으면서 울겠거니 생각했다. 집 안으로 들어와 조금 있으니 또다시 귀뚜라미 소리가 들렸다. 그 울음소리는 띠루루루~ 띠루루루~ 한 녀석이 울면 그 근처의 여러 마리가 동시에 합창을 했다. 그 소리가 얼마나 크게 울리는지 신경이 곤두섰다. 다시 밖으로 나가 귀뚜라미를 찾아보았다. 조용히 한참 동안을 밖에서 기다렸다. 그랬더니 귀뚜라미가 우는 곳이 창밖이 아니라 화단이 있는 쪽이었다. 그런데 그곳에 가보아도 귀뚜라미는 찾을 수가 없었다.

그런 뒤 얼마나 지났을까? 직장에서 동료들과 이야기를 하다가 귀뚜라미 소리가 나서 찾아보니 찾을 수가 없더란 이야기를 했다. 그랬더니 한 분이 그 소리는 아마도 지렁이 울음소리일 것이라고 말하는 것이었다. 나는 인터넷을 통해 그것이 사실인지 확인해 보았더니 지렁이 울음소리가 귀뚜라미 소리와 비슷하다는 것이었다. 그래서 남편에게 그런 사실을 이야기하고 확인해 보기로 하였다.

저녁이 되었다. 항상 들려오던 그 울음소리가 들렸다. 나와 남편은 밖으로 살금살금 나가 보았다. 울음소리가 멈추었다. 다시 화단 가까이에서 소리가 나기를 조용히 기다렸다. 한동안 조용하더니 그 울음소리가 바로 가까이 화단에서 들려왔다. 틀림없이 땅속이었다, 기어이 지렁이가 있는지 확인하려고, 소리가 나는 곳으로 가서 그곳을 호미로 파보았다. 그랬너니, 중산크기의 지렁이가 몇 마리 나오는 것이 아닌가. 이것이 그렇게 울고 있었던 것일까! 아니 즐거워서 노래를 부르고 있었는지도 모르겠다. 꿈틀거리기만 할 뿐 언제 소리를 냈었나 싶게 소리는 나지 않았다. 다시 파헤쳤던 땅을 덮어주었다. 그런 뒤, 한참 동안을 기다렸더니 다시 울음소리가 들렸다. 땅속에 사는 지렁이가 그렇게 크게 울 줄이야 정말 몰랐다. 꼭 귀뚜라미 소리와 거의 비슷하였다.

어느 날 밤에 귀를 기울여 들어보니, '와구 와구' 하며 소리가 들렸다. 인터넷을 찾아보니, 그 소리는 지렁이들이 음식을 먹는 소리란다. 신기하기 이를 데 없었다. 그리고 그들은 지구 청소부 역할을 한단다. 땅속의 불순물을 먹어치운다는 것이다. 땅속 온갖 생물들의 배설물 즉 진드기, 개미, 노래기, 딱정벌레, 쥐며느리, 선충의 배설물까지 없앤단다. 지렁이가 싸놓은 똥은 땅을 옥토로 만들어 준다고 한다. 흙을 깨끗이 청소해주고 땅을 숨 쉬게 하며, 그 흙을 옥토로 만들어 주는 땅속 농부이자 환경 파수꾼 노릇을 하는 지렁이는 우리에게 아주 고마운 존재였다. 그런데 사람들은 왜 징그럽다고만 하는 걸까?

하찮게 생긴 지렁이가 우리의 농토를 기름지게 하고 청소를 해준다니, 우리도 지렁이처럼 지구를 위하여 도움이 되는 일을 하고, 보호하는 데 앞장서야 할 것이다. 그렇게 하지 않으면 지구는 언젠가, 우리가 살기 어려운 오염되고 쓰레기 더미로 가득 찬 곳으로 바뀌고 말 것이다. 지렁이가 축산법에 가축으로 지정되었다는 이유를 이제는 이해할 것 같다.

앞으로는 많은 사람이 지렁이와 같은 유익한 동식물에 대하여, 감사하고 보호하는 데에도 앞장서야 할 것 같다. 요즈음 우리 주위에는 지렁이만도 못한 사람들이 있으니, 참으로 걱정이다. 새해에는 우리 모두 공동체를 위하여 무엇을 할 것인가 고민하고, 노력하는 한 해가 되기를 빌어본다.

(2017. 4. 8.)

6부

동산 위의 하얀 집

가족과 함께한 행복했던 순간들/ 그리운 친구, 수연이/ 동산 위의 하얀 집/ 며느리가 오고 싶어 하는 곳, 시댁/ 아주 특별한 가족 모임/ 어느 하굣길의 추억/ 어머니! 그곳에서도 베풀며 사시겠지요?/ 친구처럼 다정한 둘째 아들/ 하느님께서 주신 선물, 막내아들

가족과 함께한 행복했던 순간들

어제는 지구상에 하나밖에 없는 '나'의 생일이었다. 내 생일을 축하해 주기 위해 큰아들 내외, 귀염둥이 손녀, 작은오빠 내외, 그리고 서방님이 와주었다. 약속한 시각이 되어 주문한 음식이 나오자마자 배가 고팠던지 모두 맛있게 먹는 모습이 너무나도 보기가 좋고 흐뭇했다.

점심을 즐겁게 나눈 뒤에 과일, 생수 등을 능준하게 준비하여 무더위를 피해 내장산으로 향했다. 그곳에는 예상한 대로 많은 사람이 와서 오순도순 이야기하며 가족들과 음식을 나누거나 낮잠을 즐기고 있었다. 우리도 그늘진 곳을 찾아서 휴식을 취하려고 돗자리를 폈다. 잠시 뒤 작은오빠 내외분과 서방님이 밝은 모습으로 뒤따라왔다.

올케언니가 돗자리에 앉으면서

"내장산이 이렇게 시원한 줄을 미처 몰랐네요."

"다음에 또 기회가 되면 도시락을 싸 가지고 와 놀아야겠네."

하고 말씀하신다. 나도 덩달아

"이곳은 피서하기 딱 좋은 곳이지요. 저도 다음에 그렇게 해야겠어요."

하고 맞장구를 쳤다.

조금 뒤에 큰아들이 맛깔스러운 과일을 깎아서 주니 가족들이 모두 맛있게 먹었다. 우리 손녀는 여러 사람이 지켜보는 가운데에 활발하게 엉덩이를 흔들어가며 율동을 하고 노래도 잘 불렀다. 우리 손녀같이 춤을 잘 추는 아이는 이 세상에 없을 거라며 손녀 바보가 되어 보았더니, 올케는 나더러 아가씨 손녀라서 예쁘다는 것이다. 그 말씀이 맞다. 어느 누가 자기 손녀가 예쁘다 하지 않는 사람이 있을까?

잠시 휴식을 취한 뒤에 우리 일행은 내장사를 찾았다. 여름철이라서 꽃이 귀한 시기인데 백일홍이 '나 여기 있지요.' 하며 절 입구에서 아름다운 모습을 한껏 자랑하고 있다. 나는 백일홍을 좋아한다. 아름답기도 하지만 오랜 시간 동안 피어주기 때문에 우리를 매우 즐겁게 해주는 꽃이다. 그래서 요즈음은 가로수로 많이 심어놓아 자주 볼 수가 있다. 어린 시절 귀한 쌀밥을 그토록 먹기를 원하고 있을 때, 이 꽃이 세 번 피고 나면 쌀밥을 먹게 된다고 하여 백일홍은 우리에게 희망을 주는 나무였다. 그만큼 오랫동안 우리에게 아름다움을 선사하는 꽃이다. 백일홍은 여러 가지 색이 있는데 그중에서 진분홍빛 백일홍이 가장 내 마음에 든다. 옛 어른들은 그 꽃을 집안 정원이나 산소 주위에 심었다.

고색창연한 내장사는 찾을 때마다 항상 처음인 듯 새롭게 느껴진다. 생각해보니 시인이셨던 우리 조부님 생각이 나서 그런지도 모르겠다. 초남 할아버지께서는 〈내장사 시회內藏寺 詩會〉란 한시로 장원을 하셨단다.

산길로 들어서자 울창한 단풍나무 숲이 우리를 반긴다. 그 밑으로 작고 귀여운 잡목들이 많다,

일행과 같이 길을 따라 고즈넉한 우화정이 있는 연못까지 걷다 보니 세상 모든 근심이 잠시나마 모두 다 사라져버린 느낌이다.

맑은 하늘이 점점 구름이 끼나 보다 했더니 금방이라도 비가 내릴 것 같다. 비가 온다 한들 우산이 준비되어 있고 차가 있으니 걱정은 없다. 얼른 차 속으로 대피하면 된다. 어디서 비가 많이 내리는지 천둥소리가 크고 요란하다. 약간 무섭고 걱정도 되었다. 방금까지도 '쯔읏 쯔읏 쯔으으읏' 하면서 요란하게 노래하던 매미도 구름이 잔뜩 낀 하늘을 보고 걱정이 되었는지 노랫소리를 멈추었다. 매미는 우리보다 눈치가 더 빠른 모양이다. 곤충들은 태곳적부터 홍수, 가뭄, 태풍 등 천재지변을 겪으면서 그에 대처할 수 있는 감각 기관이 발달했다고 한다.

작은오빠 내외는 장성에서 오셨기 때문에 운전하고 가기가 부담되는지 조금 불안해하는 모습이다. 사실 나도 고추를 햇볕에 말리려고 놓아두었으니 마음이 편하지는 않다.

오늘 내가 제일 해보고 싶었던 일은 돗자리를 펴놓고, 친지들과 이야기도 하고 맛있는 음식도 나누어 먹고, 이리 둥글 저리 둥글 휴식을 취하는 것이었다. 숲속 친구들과 다정하게 대화도 하면서 맑은 공기를 마음껏 마시고 싶었다.

우리 가족들은 항상 바쁘다는 핑계로 식사를 마치면 집에 가느라고 정신이 없었다. 오늘은 모처럼 좀 더 여유 있고 즐겁게 지내고 싶었는데 이번에도 날씨 때문에 어려운 것 같다.

나는 조금 더 머물고 싶었으나 날씨가 오락가락하니 별수 없이 헤어지기로 하고 아쉬움을 뒤로 한 채 집으로 향했다. 현재 비는 오지 않지만 고추를 거두어들이는 것이 좋을 것 같아서 집에 부랴부랴 왔는데, 도착해서 보니 고추는 모두 비에 흠뻑 젖어있지 않은가. 내장산에서는 검은 구름만 끼었을 뿐 비는 내리지 않았는데, '소나기는 논두렁 다툼'이라고 하더니만 정말 그 말이 맞는 것 같다. 젖은 고추는 건조기로 말려야겠다.

오늘 내 생일을 맞아 귀한 가족들과 즐겁고 행복한 순간들을 보낼 수 있어서 아주 고맙고 감사한 마음 가득하다.

(2016. 8. 7.)

그리운 친구, 수연이

내가 가장 좋아했던 친구 가운데 하나가 수연이었다. 그녀는 심성이 곱고 공부를 아주 잘했으며 나와 절친한 사이였다. 수연이도 나를 아주 좋아하는 것 같아서 나는 얼마나 고맙고 행복했는지 모른다. 그녀는 7남매 중 맏딸로 태어나 아버지의 사랑을 듬뿍 받고 자랐다. 수연이 아버지는 나이가 드셨는데도 자녀 교육에 관심이 아주 많으셨다.

그런데 우리 아버지는 오빠들을 가르치는 데는 관심이 많았다. 하지만 딸인 나는 중학교까지만 보내려고 생각하고 계셨다. 내 욕심은 그것이 아니었는데….

중학교에 2학년이던 그해 어느 초겨울로 기억한다. 우리 집에서 학교까지 가려면 약 5㎞를 걸어가야 했다. 지름길로 가면 가까워서 대부분 그곳으로 다녔다. 그 길로 가면 보*가 있어서 그 위로 조심조심 딛고 가야만 했다. 서리가 많이 내린 어느 날, 나는 학교에 가려고

---

* 보: 하천에서 관개용수를 수로에 끌어들이려고 둑을 쌓아 만든 저수지.

정신이 없이 보위의 돌덩이를 조심조심 딛다가 그만 미끄러져 물속에 풍덩 빠져버렸다. 매우 황당했다. 다시 집에 돌아가면 지각을 하게 되므로 나는 그냥 발이 젖은 채로 학교로 갈 수밖에 없었다.

매우 추워 발이 얼어버린 느낌으로 아무런 감각도 느낄 수 없었다. 자꾸 시린 발에 신경이 쓰여 수업에 집중할 수가 없었다. 그때 뒤에서 누군가 등을 가만히 두드리면서 양말을 주는 게 아닌가. 바로 친구 수연이었다. 날씨가 추워 그녀도 발이 시릴 텐데 나에게 자기 양말을 벗어준 것이다. 아주 고마웠다. 그대로 두었더라면 완전히 발에 동상이 들 수도 있었을 텐데 그 친구 덕택에 동상을 면할 수 있었다.

그 뒤 어느 날이었다. 수연이 아버지께서 딸을 명문인 전남여고에 보내고자 나를 해평 마을 그녀 집으로 와 같이 공부하도록 부탁하셨다. 나는 부모님 허락을 받고 그녀의 집으로 갔다. 겨울방학 기간에 그녀와 함께 공부할 수 있게 되었다. 사실 나는 복잡한 우리 집을 벗어날 수 있어서 오히려 좋았다. 그런데 수연이네는 7남매인 데다 나까지 함께 있게 되니 그녀 어머니께서 많이 힘이 드셨을 것이다. 오라고 해서 갔으니 눈치를 볼 필요는 없었다. 내가 공부를 잘한다고 하여 데려간 것이다. 나는 다른 아이들보다 철이 일찍 든 편이어서 그분들을 귀찮게 하지는 않았다. 친구와 열심히 공부하다 보니 어느새 한 달이 지나가 버렸다.

그 뒤 집에 와서 꿈을 꾸었는데 용꿈이었다. 그런데 수연의 용은 살아 있고 나의 용은 죽었다고 하였다. 누구에게도 꿈에 대해 이야기는 하지 않았다. 하지만 나의 용은 죽었으니 좋을 리가 없어서 기분이 좋지 않았다.

그 뒤에 고등학교 입학시험을 보았는데 수연이와 또 다른 친구는 전남여고에 합격하고 나는 아버지께서 허락하지 않으셔서 아예 원서도 내지 못하였다. 그래도 친구 수연이가 합격해 다행이었다. 그 공이 나에게도 있는 것 같아 좋았다. 나는 원서조차도 내지 못했으니 다른 생각은 마음에서 지워버렸다. 나는 장성 읍내에 있는 고등학교에 좋은 성적으로 입학하였다.

서로 다른 학교에 진학하게 되니 수연이와 나는 한동안 연락이 끊어졌다. 몇 년이 지난 뒤에 들어보니 동생들이 많아서 그녀는 대학은 진학하지 못하고 공무원 시험을 보아서 영암에 있는 농촌지도소에 소장으로 근무를 하고 있었다.

어느 날 수연이가 결혼을 한다는 청첩장을 받았다. 광주 시내에 있는 한 성당에서 하는 결혼식에 참석하여 마음을 다하여 진심으로 그녀를 축하해 주었다. 나는 그 당시 교사로 발령을 받아 근무하고 있을 때였다.

그 뒤에 수연이는 행복한 신혼생활을 하던 중 임신을 하였단다. 임신 3개월이 된 어느 날, 시내버스를 타고 내리다가 치마가 차의 문에 끼었는데, 그걸 모르고 떠난 버스에서 떨어져 그 자리에서 유명을 달리했다 한다. 내게는 친구도 그리 많지 않은데, 친구 수연이가 세상을 떠나고 없다니 눈앞이 캄캄해졌다. 그 부모와 남매들은 얼마나 황당하고 가슴이 무너졌을까?

그 뒤, 수연이 아버지는 충격이 매우 커서 나를 만나면 잃어버린

딸이 생각난다고 하여 나를 피하려고 하시는 것 같았다. 나 역시도 그분을 만나면 속이 상하실까 봐 살짝 피하였다. 나중에 알고 보니 그녀의 아버지는 너무 충격을 받아서 오래 사시지 못하셨다고 한다. 친구 수연의 묘는 광주 가는 중간지점에 있어서 이따금 광주에 가다 보면 그곳을 지나게 된다. 그럴 때마다 참으로 안타깝고 서글픈 마음 그지없다.

어느 날 한가한 시간에 옛날 일을 생각해보니, 우리 아버지는 돈을 조금이라도 더 벌기 위하여 나락 장사와 가축 기르기에 관심이 많으셨다. 암산 능력이 뛰어나시어 오로지 나락 장사에만 신경을 쓰셨기 때문에, 다른 것들은 생각하지 않고 사셨다. 수연이네 집에서 한 달 동안 지내면서 먹었던 밥값을 드렸어야 도리인데 아마 안 드린 것 같았다. 그래서 나는 그해 어버이날에 수연이 어머니에게 고급 티셔츠를 사서 보내드렸다. 어머니께서는 아주 기뻐하셨다. 그렇게라도 하니 마음의 짐을 조금은 덜어낸 것 같아 좋았다.

지금도 수연이 여동생에게 어쩌다 전화를 하면 언니 친구라고 아주 반가워한다. 친구 수연이는 얼굴이 부족함 없이 예쁘게 생겼었다. 너무 미인이라서 하늘나라에서 빨리 데려간 모양이다.

어느 날 수연이 여동생에게서 전화가 왔는데 그녀의 남동생이 광주에서 국회의원에 당선되었다고 했다. 그 소식을 듣고 얼마나 기뻤는지 모른다. 천국에서 그녀와 부모님이 그런 사실을 알았다면 아마 기뻐하며 덩실덩실 춤이라도 추셨을 것이다.

친구야! 그곳은 사고도 없고 편안하지? 왜 그렇게 급하게 가버렸니? 너하고 오래오래 살면서 여러 가지 세상사는 이야기를 나누고 싶은 마음 간절한데 말이야. 세상에는 살다 보면 참으로 이해할 수 없는 것들이 많은 것 같다. 인성이 착하고 고운 사람들이 먼저 세상을 떠나버린다. 우리 아버지보다 어머니가 20년이나 빨리 가시고, 큰오빠, 그리고 친한 친구 수연이, 우리 동서, 전주 형님 등등, 무슨 말을 해도 내 말이 맞는다고 믿어줄 사람들은 모두 다 떠나 가버린 느낌이다. 오늘따라 친구 수연이가 더 그립고 보고 싶다.

(2016. 7. 6.)

동산 위의 하얀 집

장성군 서삼면 용흥리에 가면 조그마한 산봉우리에 '동산 위의 하얀 집'이 있다. 그 집은 작은오빠가 20여 년 전에 그곳 산을 사 많은 부분을 물류센터 용지로 팔고, 남은 땅 위에 지은 것이다. 작은오빠 내외분은 꾸준히 땀 흘려 일부는 동산을 꾸미고 그 나머지는 채소밭과 약초밭으로 가꾸어 오고 있다.

오빠는 영리하기로 소문난 풍산개와 닭 · 오리를 기르는데 집도 지켜주고 고기와 달걀도 얻을 수 있어서 좋다고 한다. 또 가축으로부터 얻는 분뇨는 아주 좋은 밑거름으로 사용하여 버릴 것이 없다고 자랑한다. 두 분은 넓은 집을 잘 관리하시기 때문에 항상 깨끗해 보기가 좋다.

동산 위의 하얀 집으로 들어가는 입구에는 무궁화가 산뜻하게 피어 있어 어린 시절 생각이 절로 난다. 또 그 옆에는 키가 큰 해바라기와 돼지감자 꽃이 서로 경쟁이라도 하듯이 큰 키를 뽐내며 손님을 맞는다. 그들도 덩치가 큰 두 주인을 닮았나 보다. 동물이나 식물은 기른 주인을 많이 닮는다고 하던가? 오빠 내외분이 기른 고추나 감자 그리고 고구마 등도 제법 커서 나는 주인을 닮아서 크다면서 허허허 웃는다. 그러면 작은 오빠는 미소를 짓지만, 너볏하신 올케언니는 여자라서 그런지 좋아하지 않는 눈치다. 하기야 나도 날씬하다고 하면 듣기 좋은데 몸이 말랐다고 하면 듣기가 싫다.

이곳은 봄에는 장 건강에 좋다는 매실을, 여름에는 맛있는 자두와 포도를 먹을 수 있어서 좋다. 정원에 있는 포도나무는 내 것이나 다름없다. 왜냐면 작은올케언니 당신은 신 것을 전혀 먹지 못한다면서, 나더러 모두 따다 먹으라고 하였기 때문이다. 그런데 나는 여러 가지 과일 중에서도 포도를 제일 즐겨 먹는다. 포도가 나의 체질과 잘 맞아서 평소 잘 사 먹는 데 항상 농약 때문에 꺼림칙하던 차에 잘 되었다. 그래서 나는 작은올케더러,

“그 포도나무는 오빠네 땅에 심겨 있지만 내가 주인이니까 그렇게 아세요.”

라면서 덧붙여

“데려온 자식 취급하지 마시고 잘 기르세요!”

하고 짓궂게 말한다. 그러면 작은 올케언니는 정다운 눈빛으로,

“아가씨! 우리가 잘 가꾸어놓을 테니 걱정하지 마세요.”

하고 말한다.

친정에 자주 오라는 오빠 내외는 우리가 방문하면 아주 반갑게 맞아주신다. 인적이 드문 산 위에서 두 분만 사시니 사람이 무척 그리운 모양이다. 가을이 되면, 동산 위의 하얀 집 농장에는 온갖 과일나무들의 열매가 굵게 여물어 가는데, 먹으면 잠을 깊이 자는 데 도움을 준다는 대추나무, 완전식품으로 알려진 밤나무, 두뇌에 좋다는 호두나무,

기관지에 좋다는 은행나무의 열매를 얻을 수 있어서 참 좋다.

겨울에는 온갖 약초들이 뿌리에 영양을 저장하며 인삼, 황기, 당귀, 도라지 등이 생산된다. 나는 그중에서 장뇌삼을 가장 먼저 찾는다. 나는 추위를 심하게 타기에 장뇌삼과 같은 약초가 꼭 필요하다. 올겨울에는 그 장뇌삼을 먹고 더욱 건강해지고 싶다.

꽃동산에는 봄이 오면 개나리, 진달래, 수선화, 벚꽃, 목련, 철쭉이 온 동산을 화려하게 수놓는다. 여름엔 함박꽃, 채송화, 달리아, 칸나, 과꽃이 울긋불긋 아름다움을 뽐낸다. 가을에는 코스모스, 국화꽃이 피어 동산 위를 아름답게 물들인다. 덩굴식물인 여주, 단 호박, 조롱박, 수세미가 주렁주렁 매달려 있어 풍요로운 농촌의 가을 모습을 잘 보여준다. 그리고 이곳 동산 위의 하얀 집을 품고 있는 언덕 위에서는 두릅, 고사리, 취나물, 도토리를 수확한다. 특히 여기서 얻은 도토리로 만든 묵은 향이 참으로 독특해 좋다. 소화가 잘된다는 묵을 먼저 먹고 식사를 하면 건강에 도움이 된다는 이야기를 어디선가 들은 뒤로, 나는 묵 종류의 음식을 좋아하게 되었다. 또 언덕 위 텃밭 한쪽에는 곰보배추가 다시 심지 않아도 다복다복 싹을 틔워 추위도 마다하지 않고 푸릇푸릇 잘 자라고 있다. 그중 몇 포기는 섬돌 가까이 찾아와서, 거실에서 이야기하고 있는 우리들을 바라보면서 같이 놀고 싶다 한다.

동산 위의 정원 앞 저만치에는 김대중 대통령이 각별히 아끼셨다는 인동초가 넝쿨을 길게 뻗어 넌출넌출 그 자태를 드러내며 제법 어여쁜 꽃을 피우고 있다. 인동초는 민주화운동에 앞장서서 많은 고통을 감내하며 사신 김대중 대통령을 떠올리게 한다. 그런 분들이 아니었다면,

우리는 지금도 민주국가의 국민으로서 누려야 할 권리도 되찾지 못한 채 끙끙거리며 어렵게 살고 있을지도 모른다. 이곳에서 자라고 있는 인동초는 작은 오빠 내외분에게 무엇을 말하고 싶은 걸까? 우리도 인동초처럼 어려운 환경에서도 잘 적응하면서 살아야 할 것이다. 특히 우리 후세들이 앞으로 다가올 어려운 여건을 잘 극복하며 살아간다면 더 바랄 것이 없겠다.

동산 위의 하얀 집에 갈 때마다 오빠 내외는 싱싱한 농작물들을 승용차에 가득 실어 주시는 덕택에 나는 싱싱한 야채를 얻어다 나도 먹고 일부는 이웃에게 나누어 주곤 한다. 인정이 많은 오빠 내외분께 감사드린다.

나도 역시 협협하신 작은 오빠 댁을 방문할 때마다 감사하는 뜻으로 마음의 정을 담아 조그마한 선물을 드린다. 항상 작은오빠와 올케언니가 그곳에 계시어 마음 든든하고 좋다. 동산 위의 하얀 집에서 그분들이 오래오래 건강하고 행복하게 잘 살았으면 좋겠다.

(2017. 8. 5.)

며느리가 오고 싶어 하는 곳, 시댁

내게도 성글성글하고 살가운 며느리가 생겼다. 키가 크고 애교가 많은 며느리다. 그래서 많은 식구도 다들 좋아한다. 경제력이며 음식 솜씨까지 좋다. 시어머니인 나는 어떻게 하면 며느리가 시댁에 자주 오고 싶게 할까 궁리 끝에 '일에 대한 부담을 주지 말고 칭찬을 아끼지 말자.'고 생각을 했다.

설 명절이 돌아왔다. 나는 도우미 아줌마를 부르기로 했다. 먼저 시장에 가서 제사상에 올릴 음식 재료들을 능준하게 사 왔다. 도우미 아줌마를 불러 음식이며 청소를 다 했다. 오후 세 시 무렵 며느리가 왔다. 나는 며느리에게

"너는 할 일이 없으니 과일만 씻으면 된다."

고 했다. 그랬더니 며느리가 환한 얼굴로

"할 일이 없으면 영화나 한 편 보면 어떨까요?"

라고 말해 남편과 아들 내외 넷이서 영화관에 갔다. 영화를 감상하는 동안 나는 추위를 견디지 못해 약간의 고통이 있었지만, 며느리와 영화에 대한 대화도 나누고 싶어서 꾹 참고 영화를 끝까지 감상했다.

영화를 보았으니 이야깃거리가 생겨나서 고부간 사이가 조금 더 가깝게 다가갈 수 있겠다는 생각이 들었다.

집으로 돌아오는 길에 조금 전에 본 영화에 관한 이야기를 나누면서 우리 모두 공감하며 웃을 수 있었다. 사람들은 이 시간에 대부분 바쁘게 움직이고 있을 텐데, 조금만 생각을 달리하니 이렇게도 한가한 명절이 되니 얼마나 좋은가! 나중에 들은 이야기인데 며느리가 직장동료들한테 우리 집 자랑을 많이 했다고 한다. 며느리가 그렇게 말했다고 하니 나도 '그러길 잘했다.'라고 생각하며 앞으로도 가급적이면 며느리에게 부담을 주지 말아야겠다고 생각했다.

그 뒤, 추석 명절이 돌아왔다. 추석맞이 준비를 거의 끝낸 다음 내장산으로 가 케이블카를 타기로 했다. 산 정상에 오르니 그곳도 울긋불긋한 단풍나무와 잡목들이 우리 가족을 반겼다. 나무 밑에는 솔가리가 별로 없고 맨땅이었다. 나는 그곳에서 말간 바람을 마시고 싶었다. 제주도가 고향인 며느리는 단풍으로 이름난 내장산에 와 이렇게 쉴 수 있어서 참 좋다고 하였다. 며느리는 사진도 찍어주고 내 꽃무늬 원피스가 멋지다며 덕담을 해주었다.

남편은 찻집으로 우리를 이끌었다. 다기에 꽃들의 향기와 새들의 노랫소리를 담아 마시는 다향이 아주 좋았다. 배가 고파 준비해간 간식을 나누어 먹고 여유롭게 이야기도 나누면서 즐겁게 보냈다. 모두 즐거워하니 나도 참으로 흐뭇하고 보람이 있었다.

명절 때마다 그렇게 수월하게 지내게 했더니 며느리가 고마움을 아는지, 내 생일날 정성을 다해 음식이며 선물과 손편지를 보내주었다.

고마운 마음이 듬뿍 담긴 편지글에 가슴 뭉클해지며 행복한 마음 가득했다.

결혼한 지 2년 만에 귀여운 손녀가 태어났다. 어린 아기가 생기면서부터는 우리 집에 오면 밖에는 나가지 않고 집에서 놀고 싶다고 했다. 아기를 기르니 얼마나 피곤할까! 아기가 순하지도 않은데…. 그래서 나는 우리가 아기는 보살필 테니 네 방에서 푹 쉬라고 했다. 그랬더니 쉬고 나서 오히려 제집에서보다 더 편하게 잘 쉬었다며 고마워했다.

몇 년을 그렇게 지내다가 올해 설 명절이 되었다. 평소와는 달리 하룻밤만 자고 친정 제주도에 가겠다고 했다. 물론 나는 그렇게 하라고 했다. 이상하게도 아침 설거지도 하는 둥 마는 둥 하고 나섰다. 나는 시간이 그렇게 되나 보다 생각하면서 비행기 안에서 먹을 간식거리를 한 개라도 더 싸주려고 정신이 없었다. 제주도에 가서 잘 지내다가 일요일쯤 자기 집에 가겠지 했는데 알고 보니 우리 집에서는 일박을 하고 제주도에서는 삼박을 했단다.

나는 일정이 그렇게 되어서 그랬나 보다 생각했는데, 남편은 몹시도 서운한 모양이었다. 남편이 며느리 입장을 조금만 더 생각하고 이해해 주었으면 좋겠다, 지금까지 시댁 위주로 명절을 지냈으니, 이번만큼은 처음으로 친정에서 더 지낸 것이 어떠냐며, 우리가 이해해야 한다고 남편을 설득했다.

며느리가 건강하고 즐거워야 아들이 역시 건강하고 즐거우며, 아들이 그래야 내가 건강하고 즐거워진다. 그래야만 모든 식구가 즐겁고 행복해진다. 그래서 나는 지금까지 며느리에게 '시댁은 어서 가고 싶은 곳'으로 만들어주려고 노력해왔다. 며느리가 시댁에 오고 싶게 하려면, 보다 더 편하고, 보다 더 많은 정을 듬뿍 느끼도록 노력해야 할 것이다.

(2008. 6. 8.)

아주 특별한 가족 모임

우리 집 제사는 온 가족이 한곳에 모여 맛있는 음식을 정성껏 차려 놓고 조상님께 절을 올리는 것으로 시작한다. 예식이 끝나면 가족끼리 음식을 나누어 먹으며 덕담도 나누고 조상의 얼과 정신을 기린다. 그러나 요즈음은 고향에서 멀리 떨어져 살고, 많은 여성이 직장생활을 하고 있어서 음식을 예전처럼 정성스럽게 준비한다는 것이 여간 어려운 일이 아니다. 때로는 명절이나 제사 뒤에 건강이 나빠지는 사람도 있고, 심지어는 가정불화로 이어지기도 한다. 그래서 명절이나 제사가 돌아오는 것을 걱정스럽게 생각하는 주부들이 많다.

나는' 어떻게 하면 조상님을 잘 모시고 후손들이 화목하게 지낼 수 있을까?' 하고 여러 궁리를 한 끝에 다음과 같이 합동 제사를 축제처럼 지내기로 하였다. 가장 어려운 음식 준비는 제사음식 전문식당에 우리 가족들의 식성을 고려하여 사전에 예약하기로 하며, 그 비용은 우리 형제들이 미리 모아둔 돈으로 지불하기로 했다. 그리고 조상님이 계신 산소에 가서 준비한 음식으로 예를 정성껏 올리고, 묘소 인근 좋은 장소를 선정하여 그곳에서 여러 형제자매와 조상님 얘기를 나누며 음식을 맛있게 나누어 먹기로 했다. 올해는 격포에 있는 한 펜션을 정해 특별한 가족 모임을 진행하였다.

내가 존경하는 조부님께서는 한시漢詩를 많이 쓰셨기 때문에 그분의 시집을 이용하여 '제1회 초남 조부님 한시 낭송暗誦대회'를 가졌다. 먼저 온 가족이 지켜보는 가운데 고인이 되신 우리 시아버님과 조부님께 맏며느리로서 준비해온 편지를 낭독하였다. 다음은 남편이 조부님의 약력을 소개하였다.

이어서 한시 낭송대회를 가졌다. 손자며느리인 나는 세 편을 낭송하고, 남편은 두 편, 그리고 서방님들은 한 편씩을 낭송하였다. 참으로 의미 있는 시간이었다. 나는 그 한시를 즐거운 마음으로 암송했기 때문에 그 시간 내내 행복했었다. 어느 집이 제례 의식 때 한시를 낭송하겠는가. 우리 가족이나 낭송하고 있는 것 같아서 너무도 자랑스러웠다. 나는 60대 중반에 들어선 나이라서 어려운 한시를 암송한다는 것은 불가능할 거라 생각 했지만 이번 행사를 통해 자신감을 얻을 수 있어 매우 흐뭇했다.

이어서 조부모님의 일생 중 한 장면을 3분 정도 콩트로 꾸며, 남편은 조모님의 말씀을 흉내 내려고 그분의 의상, 즉 머리에는 내가 썼던 가발을 하고, 옷은 시어머님의 옷을 입고 버선을 신었으며, 나는 조부님의 언행을 흉내 내려고 그분의 의상인 갓, 짚신, 도포, 수염을 빌리고, 구입하여 시나리오에 따라 연극을 아주 실감나게 했더니, 91세 된 시어머님부터 3세인 손녀까지 온 가족들이 웃느라고 정신이 없었다. 나중에 들은 이야기인데 큰시누이는 어찌나 웃었던지 배꼽이 다

빠져 버린 줄 알았는데 집에 가서 보니 붙어 있더란다. 사람들이 그렇게 웃은 까닭은 평소 점잖기로 소문난 남편이 갑자기 여장女裝을 하고서, 밭을 매고 머리에 짐을 이고 가는 흉내를 내니 웃지 않을 수가 없었다고 했다.

콩트가 끝난 뒤에는 재미있는 퀴즈 대회를 가졌다. 우리 조상님들에 대하여 시어머니로부터 들은 것들을 퀴즈로 내어 질문해 보았다. 가령 남편이 네 살쯤에 돌아가신 조부님의 관을 보고서 '이것은 토끼집이냐?'고 물었단다. 이처럼 시어머니께 들었던 이야기를 퀴즈로 하여 물었더니, 나보다 한 살 아래인 서방님이 맞추어서 상품권을 얼른 드렸다. 64세이고 끌끌하신 서방님이 상품권을 타가지고 즐겁게 자리로 들어가는 뒷모습이 마치 초등학생이 상을 타가지고 가는 모습과 똑같아 많이 웃었다. 다음은 "우리가 제주 고씨 장흥백 파 몇 세손입니까?" 하고 물으니, 이번에는 조카가 31세손이라고 맞추어 상품권을 주었다. 그리고 우리 가족 중에는 평소에 "남자로 태어나지 못해 한에 맺혀 있다."라는 말을 늘 하는 사람이 둘이나 있다. 그래서 지금이라도 이들의 소원을 풀어주기 위해 새빨간 고추를 끈으로 목걸이처럼 매달아 시어머님 목에 달아드리고, 나는 보랏빛 가지를 목에 달았다. 그랬더니 저쪽에 있던 남편이 미소 지으며 내 앞으로 오더니, 그 가지가 배꼽 밑까지 쭉 내려오게 잡아당기었다. 나도 역시 남자로 태어나는 것이 아주 큰 소원이었다. 고추와 가지를 달고 있는 모습을 보고 잠깐 온 방 안이 웃음바다가 되었다. 아직 젊은 우리 며느리와 작은 동서는 얼굴이 붉어져서 한동안 고개를 들지 못하였다. 행사가 끝난 후에 모두 개그콘서트 못지않았다고 덕담을 아끼지 않았다. 심지어 큰시누이는 나에게 '개그의 여왕'이라고 닉네임까지 붙여주었다. 요즈음 웃음이 메말라가고 있는 가족들에게 그렇게라도 하여 웃음을 선물하고 싶었다.

다음에는 대중가요 부르기 시간을 가졌는데 목소리가 좋은 시어머니께서 제일 좋아하시고 모두 잘도 불렀다. 장소는 부안 해넘이 펜션에서 앰프도 빌리고, 현수막도 걸고, 식순까지 준비하여 처음이지만 참으로 멋지고 행복한 행사를 한 것 같다. 먼 훗날을 위하여 그 순간들을 동영상으로도 남겨두었다. 모임 첫날은 시누이가 서비스한 세상에서 가장 편안한 몸빼바지를 입고, 갈맷빛을 간직한 격포 앞바다에서 조개를 줍기도 하고, 물장난도 치며 마음껏 즐기다가 숙소로 돌아왔다. 저녁 식사는 삼겹살 파티를 하고 동서가 해온 쑥개떡을 나누며 이리저리 뒹굴고 옛날이야기로 꽃을 피우며 정겹고 행복한 시간을 가졌다.

그 이튿날은 내소사를 구경한 뒤에 점심은 우리 집안의 장손인 큰아들이 냈다. 그 식사야말로 세상에서 제일 맛있게 느껴져서 참 좋았다. 평소에 동서와 서방님 그리고 시누이 남편이랑 간단한 인사로만 지내다가 스킨십을 하고, 어깨동무하며, 사진도 남기고, 선물을 교환하며, 상품권을 받고, 절과 바다를 보면서 시간의 여유로움을 즐겼다. 그러다가 헤어질 때는 아쉬움을 뒤로 한 채 각자의 집을 향해 발길을 옮겼다. 나는 이 행사를 하면서 적지 않은 돈을 지출했지만 온 가족들이 그토록 즐거워하는 모습을 보니 엔도르핀이 샘솟는 보람되고 즐거운 순간들이었음을 느꼈다.

저녁에 집에 도착하자마자 남편이,

"돈을 써도 당신같이 써야 한다."

하고 말하면서 칭찬을 할 때는 '행사를 하길 참 잘했구나!'라는 그런 나만의 즐거운 웃음을 지을 수 있었다. 그리고 '제1회 초 남 조부님 한시 낭송 대회'와 같은 특별한 가족 모임을 준비한 사람으로 후손들에게 오랜 시간 기억될 것이라 생각되어 무어라 표현할 수 없는 기쁨을 느꼈다.

나는 애면글면하면서 이 행사를 잘 치르려고 노력하였다. 아무튼, 이번 행사를 통하여 핵가족화로 각박해져 가는 세상 속에서 이러한 가족 모임을 이용하여 가족 간에 보다 정이 넘쳐나고 위로는 조상님과 부모님을 잘 모시고 형제자매간에 우애하며 아래로는 후손들에게 귀감이 되는 삶을 살아가는 지혜를 가져야겠다는 생각을 가져본다.

(2016. 04. 14.)

어느 하굣길의 추억

내가 중학교 1학년 때의 일로 기억한다. 우리 담임 선생님은 미술과를 전공했는데 얼굴이 고우신 편이며, 금방 교직에 발을 디딘 사람처럼 마음이 순수하셨다. 시골에서 태어난 나는 읍내 중학교에 좋은 성적으로 입학했다.

중간고사를 치른 어느 날 종례 시간, 담임선생님은 손에 시험지를 몇 뭉치를 가져와 나와 반장을 불러 점수를 매기라고 했다. 나와 반장은 종례가 끝난 뒤 곧바로 열심히 점수를 매겼다.

그 일이 끝나서 일어서는 순간에 '툭' 하고 검은색 교복 치마의 허리춤에 달린 단추가 떨어지니, 치마가 교실 바닥으로 주르르 내려가지 않는가! 나는 창피한 마음이 들어 재빨리 치마를 올려 핀으로 꽉 묶었다. 다행히 내 치마 속에는 예쁜 레이스가 달린 하얀 속치마가 있어서 조금 덜 창피했다. 그 속옷은 요즈음 세상 같으면 외출복에 해당되지만, 그 당시만 해도 창피한 일이었다. 순간 담임 선생님은 '하하하' 웃으셨다. 그 웃음은 내가 그러는 모습이 귀여워 그런 것 같았다.

그 일을 마치고 나서 집으로 돌아가려는데 날씨가 흐려서인지 사방이 어둑어둑했다. 집으로 가는 길에는 사람이라고는 하나도 보이지 않았다. 발걸음을 재촉해 걷고 있는데 뒤에서 인기척이 났다. 뒤돌아보니, 한 청년이 자전거를 타고 빠르게 내 뒤를 쫓아오고 있지 않은가. 마치 나를 해치려고 쫓아오는 것만 같아 떨리는 가슴으로 더 빨리 걸음을 재촉했다. 그 청년은 착한 사람인지도 모르지만 나는 무척이나 두려웠다. 이럴 때는 제발 아줌마 한 분이라도 있었으면 마음이 놓일 것 같았다. 그런데 잠시 뒤, 나를 뒤쫓아 오던 그 청년이 갑자기 자전거 속력을 늦추며 오고 있지 않은가. 이상한 생각이 들어서 주위를 살펴보니 도로 바로 옆 냇가 아까시 나무 아래서 인기척이 있었다. 자세히 보니 내 동창이며 집안 동생뻘 되는 양수가 거기에 있었다. 냇가에서 그가 멱을 감다가 나를 본 것이다. 휴, 하며 이제는 살았다는 생각이 들며 얼마나 그가 반가웠는지 모른다. 나는 한 송이 백목련처럼 우아하고 순결한 인생을 살고 싶은 마음이 항상 내 가슴속에 자리잡고 있었는데 양수가 그런 나를 지켜준 것이다.

그 뒤부터는 외진 곳에서 남자만 보면 어찌나 두렵고 무서운 생각이 들었는지 모른다. 그 뒤로 한참 세월이 흐르고 나서야 나의 뇌리에는 그런 두려움이 차츰 사라졌다. 그런데 그때 양수에게 고맙다고 해야 했었는데 창피한 생각이 들어 하질 못했다. 양수는 지금 미국에 이민 가서 살고 있는데, 그는 그 일을 기억이나 하고 사는 것일까?

어느 날 밤, 아들이 밖에 바람 좀 쐬고 온다고 나갔다 왔다. 그러더니 승강기 안에서 한 젊은 여자가 우리 애를 보고 두려워하는 눈치였다고 말했다. 그 여자도 나만큼이나 소심한 사람인 것 같았다. 지금이 나이를 먹어도 밤에 한적한 곳에서 남자를 만나면 너무 두렵다고 했더니 그러냐면서 아들은 나를 보며 웃었다.

내가 그런 일로 무섭고 두려운 마음을 가졌었는데, 일제 강점기에 만주나 동남아로 끌려간 위안부 할머니들은 얼마나 두려웠을까? 그분들은 17~18세의 연약한 처녀로 일본군에 강제로 끌려가서 수많은 폭행과 수난을 당하고 쓰레기처럼 취급받다가 버려졌다고 한다. 그래서 결혼도 포기하고 아기도 가질 수 없었다고 하니 얼마나 억울하고 분했을까? 평생을 지울 수 없는 모멸감으로 부끄러워 고향에도 가지 못하고 낯선 타향에서 정처 없이 떠돌다가 죽음을 맞이한 분들이 수없이 많다고 한다. 우리의 귀한 여성들이 그런 불행한 삶을 살아야만 했다고 생각하니 내 가슴에 분노가 치밀어 오름 금할 길이 없다.

TV를 통해서 얼마 남지 않은 위안부 할머니들이 아주 쓸쓸하게 살아가는 모습을 볼 때마다, 가슴이 찢어지는 것처럼 아픔과 안타까움을 느낀다. 할머니들이 바라는 것은 일본 아베 총리의 진심 어린 사과인데, 그런 사과 한마디 없으니 얼마나 일본인들을 원망하고 있을까. 이제라도 좋으니 할머니들에게 꼭 진심을 다해 사과하길 바란다. 자기네 딸이나 아내가 그렇게 심하게 당했다고 해도 그렇게 외면하고만 있을까? 역지사지易地思之 언제나 상대방의 입장을 헤아려보며 행동했으면 좋겠다는 생각이 든다.

(2018. 2. 11.)

어머니! 그곳에서도 베풀며 사시겠지요?

친정어머니께서는 종갓집 맏며느리로 시집을 오셔서 해마다 제사를 열세 번이나 지내며 사셔야 했다. 딸만 셋을 둔 집에 양자로 들어오신 아버지가 집안 어른들과 누나들로부터 제사 모시는 일이 가장 중요하다는 이야기를 귀가 닳도록 들어오셔 조상님들 제사 모시기를 강조하셨기 때문이었다. 그래서 자식 기르는 문제보다 제사 지내는 일에 가장 우선순위를 두시고, 별도로 제사를 지낼 방까지 만들어 오직 조상님 모시는 일에 지극정성을 다했다. 나는 속으로 '돌아가신 분들이 그렇게도 중요한가?' 하는 생각을 하며 도저히 그런 부모님을 이해할 수가 없었다. 조상 모시는 일에만 관심을 두시어, 나는 그 많은 식구 사이에서 겨우 이불 속에 발만 집어넣고 잠을 자야만 할 정도로 복잡한 환경에서 자랐다.

그런데 지금 생각해 보니, 어머니께서는 그 많은 제사를 지내느라 참 고생이 많으셨다. 그 당시, 제사 준비를 하려면 집에서 직접 자기 손으로 준비할 것들이 많던 시절이었으니 말이다. 거기다가 우리 집은 지역이 낮은 곳이라 비가 많이 오는 날이면 부엌이 붉덩물로 가득 차

버리곤 하였다. 순식간에 솥이며 양동이가 제멋대로 둥둥 떠다니곤 하였다. 그러면 어머니는 그 많은 물을 다 퍼내고서 지친 몸으로 식사 준비를 하느라 무던히도 고생하셨다. 그런 데다 정녕 마셔야 할 물은 멀리서 길어 와야 했으니, 어머니의 고생은 이루 다 말로 표현하기가 어려울 정도였다. 나도 어린 나이였지만 똬리를 머리에 얹고 물동이를 이고 다니며 어머니를 돕던 기억이 선하다. 어쩌다 남자애라도 만나면 얼마나 창피했던지 모른다. 어머니께서는 이런 습한 환경에서 자녀들을 낳아 기르며 몸조리도 제대로 하지 못하고 사시느라 평생을 산후통으로 고생하시다 돌아가셨다.

어머니는 약 10km 떨어진 황룡장까지 걸어가야만 제수를 살 수 있었다. 열세 번의 제사 가운데 특히 조부모님을 모시는 큰제사는 더욱 정성을 들여야 했다. 준비 기간이 한 달 이상이나 되었다. 집에서 술을 빚고 떡방아를 직접 찧어서 떡을 빚었다. 그렇게 여러 가지를 준비하여 제사 지낸 다음, 음식을 먼저 이웃집에 나눠주고, 그런 다음에는 동네 노인들과 일꾼들에게 하나도 빠뜨리지 않고 드렸다. 그러다 보니 나는 그다음 날 학교에서 돌아온 뒤에 군것질이 생각나서 무엇이라도 먹으려고 집안을 뒤져보아도 아무 것도 찾을 수가 없었다. 내가 그렇게 좋아하는 떡과 과일, 그리고 한과가 하나도 남아 있지 않으니 너무나도 서운했었다. 지금 생각해 보면 종갓집 맏며느리로서 어머니는 그렇게 마을 어른들과 친지들에게 베푸는 것이 당연했다는 생각이 든다.

어머니께서는 고된 삶을 사시면서도 이웃들에게 많은 것들을 베푸시면서 사셨다. 6 · 25 동란이 일어난 지 얼마 되지 않아 피난 나온 사람들이 우리 집 문간채에 많이 기거했단다. 어머니께서는 오랜 기간 음식을 제공했다고 한다. 그 내용은 친정어머니 장례식 날 낯모르는 분들이 찾아와서 그 시절 고마움을 잊지 못한다며 자녀들인 우리에게 해준 이야기다. 그리고 며느리가 싫다고 집을 나온 할머니가 우리 집에서 2~3년 동안 살다가 돌아가신 적도 있었다. 고모님들도 명절 때면 으레 '어머니와 함께 지내는 것이 마음 편하다.'며 우리 집에서 한 달 가까이 머물다가 가시곤 하셨다. 또 집안 먼 이지가지 없는 조카를 데려다 맡아 기르셨다. 그리고 외사촌 언니도 둘이나 데려다 2년여 동안을 돌봐주었다. 그렇게 이웃에게 도움을 주는 일들이 지금도 내 기억 속에 생생하다. 그렇게 베풀며 살아서 그런지 우리 남매들의 삶이 그런대로 평탄한 편이라고 동네 사람들은 말한다.

벌써 어머니께서 돌아가신 지 30년 가까이 되었다. 나는 이따금 꿈속에서 어머니를 뵙는다. 돌아가신 어머니가 꿈속에 나타나시면 이루 말할 수 없이 좋다가도 깨어보면 너무 허망하다. 항상 어머니께서 더 사셨더라면 하는 마음이 너무나 간절해서 그런가 보다. 그런데 아버지는 한 번도 꿈에서 뵙지를 못했다. 똑같은 부모인데 아버지는 자식들에게 정을 조금도 주시지 않아서일까? 아버지도 가족을 위해 일하시느라 고생이 많으셨을 텐데 말이다. 사람들 대부분이 어머니를 훨씬 그리워하며 사는 것 같다.

어머니는 산후통이 너무 심하여 통증이 오면 돌팔이 의사한테 가서 등에다가 쑥뜸을 하셨다. 그러면서 조금 효과가 있다고 하셨다. 어머니는 옷을 떠들어 내게 보여주면서 온 등에 뜸 자국이 붕어빵 만드는 기구처럼 크게 파여 있어서, 옷을 벗거나 입을 때면 통증이 아주 심하다고 하셨다. 그때는 어머니가 너무나 안쓰러웠지만 나는 어떻게 해드릴 방법이 없었다. 지금 생각해 보면 한의원에 가서 치료를 받도록 해드렸어야 하는데, 그러질 못해 죄송하고 매우 안타까운 마음뿐이다.

사거리 초등학교에 근무하던 어느 날, 내가 수업에 열중하고 있는데 밖에는 함박눈이 펑펑 내렸다. 그런데 그날 어머니께서 담백한 살로만 소고기국을 맛있게 끓여서 한 냄비 가득 가져오셨다. 아주 감사했다. 서삼면 신평에서 장성읍을 거쳐 이렇게 먼 사거리 초등학교까지 버스를 두 번이나 갈아타고 오신 것이었다. 그리고 그 뒤에도 밤과 감을 한 보따리씩 가져오셨다. 출가한 딸을 생각하며 찾아오신 어머니의 속정 깊은 사랑을 생각하면 지금도 잊을 수가 없다. 어머니에 대한 애틋한 그리움이 내 마음속 깊은 곳으로부터 솟구쳐 오른다.

(2017. 6. 3.)

친구처럼 다정한 둘째 아들

정이 너무 많아서 흠인 우리 둘째 아들. 정이 메말라가는 이 시기에 인정이 많다는 것은 참 좋은 것인데 그로 인해서 너무 시간을 빼앗기며 살 때가 많은 것 같다. 그동안 동생, 고종 사촌, 특히 나로 인하여 많은 희생을 하며 살아왔다.

지난해 8월 말 집에서 지내다가 서울로 올라가던 날이었다. 엄마의 건강이 조금이라도 나빠질까 봐 많이 염려되는 모양이었다. 내가 둘째를 걱정하는 것처럼 아들은 이제 엄마인 나를 걱정한다. 서울에 간다고 나갔던 둘째는 부리나케 집으로 돌아와 안전사고 예방을 위한 내용을 자세히 일러주며, 항상 사고가 나지 않도록 엄마가 조심하라고 신신당부를 했다.

몇 해 전인가, 온열 매트 과열로 불이 난 적이 있었다. 그때 재빨리 플러그를 뽑아 큰 화재를 면하기는 했으나 하마터면 우리 집 전체가 불타는 큰 사고로 번질 번한 적이 있었다. 마침 우리가 쉽게 발견할 수 있는 초저녁이라서 매트는 귀퉁이만 타고 꺼졌다. 그러지 않았으면 큰일이 날 수도 있었다. 그 일이 있고 난 뒤부터 둘째 아들은 걱정을 많이 한다.

이렇게 자상하고 정이 많은 아들이 도대체 어디에서 왔을까. 눈물이 나올 정도로 고맙기 짝이 없다. 세계 인구가 약 74억 명인데, 그 많은 사람 중에서 나에게 조건 없는 사랑을 듬뿍 주는 사람은 오직 우리 둘째뿐이다. 생김새는 아버지의 얼굴이나 능력을 빼 쏘아서 미남이며 인성까지 부족함이 없게 태어났다고 말하면 너무 지나친 자랑일까?

남편이 외출할 때 혼자서 걷기 운동을 하려고 밖에 나간다. 어머니가 지루해서 안 된다며 늘 함께 말동무해 주는 둘째는, 어찌 보면 사랑스러운 내 친구처럼 느껴지기도 한다. 다른 사람들의 잔소리는 기분 나쁜데, 그 애가 하는 잔소리는 꿀송이같이 다디단 말로 들리는 것은 왜 그럴까? 그 속에 솜사탕 같은 참사랑이 들어있어서가 아닐까? 사랑이 들어있는 이야기는 잔소리가 아닌 나를 향한 애정이자 관심이고, 그렇지 않은 이야기는 잔소리라는 것을 이제야 깨닫는다. 잔소리하려면 누구나 우리 둘째처럼 사랑을 가득 담은 말로 한다면 얼마나 좋을까?

둘째 아들이 군 복무를 마치고 휴학하던 중, 나는 그간의 과로로 몸이 아주 쇠약해져서 몸을 지탱하기가 힘들었다. 옆에서 지켜보던 남편은 나를 광주 원광대 한방병원에 입원시켰다. 소화불량에 불면증까지 겹쳐왔었다. 몸속에 독과 가스가 많이 차서 그러니 침, 쑥뜸을 하여 혈액순환이 잘되게 해야 한다고 했다. 입원하여 매일 침을 맞고 쑥뜸을 떴다. 6개월 동안 꾸준히 치료를 받았더니 조금 증세가 나아진 듯싶었다. 그사이 둘째가 내 곁을 지켜주니 고마웠다. 둘째는 노루잠을 자면서도 나를 보살피는 것이 좋단다. 그러면서도 여가를 이용하여 공부하는 데 여념이 없었다. 자투리 공간이나 계단에서 사람들이 바쁘게 움직이고 있을 때 오히려 졸음도 오지 않고 집중력도 좋아진다는데 둘째는 오히려 그것을 즐기는 듯 보였다. 최선을 다하는 그 모습이 매우 의젓해 보였다.

어느 날 병원 생활이 아주 답답하고 또 운동도 하라고 하기에, 바로 아들과 함께 병원 뒷산에 올라가게 되었다. 산 초입에서 잠깐 쉬고 있는 동안 둘째는 저만치 앉아서 책을 읽고 있었다. 5월의 싱그러운 숲속에서, 연둣빛 상수리나무 이파리들이 내게 어서 오라며 반갑게 손짓하였다. 나는 환자라는 사실을 깜빡 잊고서 그만 산 중턱까지 올라갔다. 다시 되돌아 내려와야 하는데, 방향감각을 잃은 나는 길을 헤매며 어찌할 바를 몰랐다. 사람들에게 물어물어 병원으로 겨우 돌아올 수 있었다. 병원을 바로 옆에 두고 어둑어둑해지니 긴장이 되지 않을 수 없었다. 엄마가 병원에 오지 않자 아들은 아들대로 온산을 헤매고 다녔다고 했다. 무심코 나가느라 손전화도 두고 나갔었다. 나의 불안감 못지않게 아들은 아들대로 하얗게 질려 있었다. 온몸에 땀이 많이 나서 옷 선제가 젖어 있지 않은가. 우리 모자는 같이 껴안고 한참 동안 기쁨의 눈물을 흘렸다.

지금도 둘째는 아무리 바빠도 나에게 안부 전화를 잊지 않는다. 아들의 전화는 왜 그렇게 반가울까! 아마 천륜이라서 그런지 모르겠다. 누구에게도 말하지 못하는 것을 아들에게 다 말하게 된다. 믿음직스러운 아이라서 그런지 나의 문제 해결사이다. 다른 사람들은 나에게 딸이 없다고 걱정을 하지만, 나는 딸보다도 더 듬직한 둘째가 있어서 아주 행복하다. 그래서 어떤 경우에는 남편이 샘을 내는 눈치다.

요사이도 나는 둘째가 무엇이 필요하다고 하면 말이 떨어지기가 무섭게 보낸다. 우리 것은 나중에 사서 먹으면 되므로 우선 아들한테 먼저 보내야 직성이 풀린다. 나는 아이들을 보호하느라고 모임에도 참석하지 못할 때가 많았다. 남편도 퇴직한 뒤로는 그동안 못다 한 부성애를 발휘하느라 애를 쓴다. 이제라도 그렇게 하니 아들들도 아버지를 더욱 따르는 것 같다. 특히 둘째는 실답고 그러한 것들을 어느 정도 아는 눈치다.

"사랑하는 둘째야, 엄마는 너에게 줄 수 있는 것은 모두 아낌없이 주고 싶단다. 이 엄마의 마음을 알겠니?"

(2016. 5. 10.)

하느님께서 주신 선물, 막내아들

내게 아들을 셋이나 주신 하느님께 깊이 감사드린다. 거기다 모두 건강하고 어디 내어놓아도 부족하지 않은 아이들이다. 큰아들은 첫아이라서 전남대 부속 병원에서 낳았고, 둘째는 광주 심산부인과에서, 그리고 막내아들은 광주 제일산부인과에서 낳았다. 큰아들은 초산이라서 10여 시간이나 고통스러운 진통이 이어진 뒤에 몸무게 3.8kg의 건강한 아이로 태어났고, 둘째는 큰 진통 없이 몸무게 3.2kg의 건강한 아이로 태어났다.

그래서 셋째 아이는 더 쉽게 낳겠지 하고 제일산부인과를 찾았는데 며칠 더 기다려야 낳는다고 하여 큰오빠 집으로 가서 기다려야 했다. 큰올케가 친절히 보살펴 주시어 대단히 고마웠다. 며칠을 기다린 끝에 아기가 나올 것만 같아서 다시 산부인과를 찾았다. 침대에 누워서 기다리는데 진통만 올뿐 아기가 나오지 않았다. 그러자 옆에서는 간호사가 모든 사람이 잠든 시간인데도, 내 몸 상태를 살피느라 끄먹끄먹하면서 옆에서 지켜보고 있었다.

1983년 9월 6일 새벽이었다. 나는 내 곁을 지키고 있던 간호사를 의사로 착각했다. 그녀를 바라보며 나는 '왜 여자 의사가 이곳에 있을까?'라고 생각하면서 도무지 미덥지가 않았다. 그때까지 산부인과를 찾을 때는 남자 의사가 아닌 여자 의사가 있는 곳으로 가 진찰을 받아왔다. 그런데 그 순간에는 목숨과 관련이 있기 때문에 오히려 남자 의사라야만 안심이 되었다. 다시 보니 내 곁을 지키고 있던 이는 간호사였다. 진통이 시작되자 남자 의사가 왔다. 그제야 안심이 되었다. 많은 진통이 이어졌지만 아이는 나올 기미가 없는 것 같았다. 그러자 순산에 도움이 되는 주사를 주는 것 같았다. 이윽고 양수가 터지면서 아기가 동시에 나와야 하는데 나오지를 않았다. 양수가 먼저 터져 나와 버려 아기만 나오려니 진통이 심하게 계속될 뿐이었다. 나는 심한 진통으로 어찌할 바를 몰랐다.

"아이고 배 아파, 아이고 배 아파, 아이고 나 죽어, 아이고 나 죽어…." 하면서 세 시간이나 극심한 진통에 시달려야 했다. 이러다 혹시나 죽을 것 같다는 생각까지 들었다. 그러는 사이 졸음도 심하게 밀려왔다. 지옥같이 고통스러운 오랜 시간이 지난 뒤에야 비로소 아기의 울음소리가 들렸다. '이제야 고통은 끝났구나!'라는 생각이 들었다. 그러면서 힐끔 옆을 바라보니 또 사내아이였다.

나는 원래 딸이 적은 집이라서 딸 하나를 낳고 싶었는데 또 아들이라니, 아들을 낳기 바라다 딸을 낳은 사람하고 바꾸고 싶다는 생각마저 들었다. 나는 미처 산후라는 생각도 하지 않고 얼른 가서 사내아이가 필요한 사람이 있나 알아보고 싶었다. 그러나 알고 보니 내 몸 상태는 마음대로 돌아다니지 못할 상황이었다. 게다가 무심한 남편은 아무런 걱정도 없이 직장에 근무하느라 와보지도 않았다. 처자식을 먹여 살려야 하는 남편의 역할로서 이해는 되지만, 솔직한 마음으로 야속하기 그지없었다. 내가 그토록 고통스러워하는 기막힌 상황을 보지 못해서 지금도 남편은 내게 그런 고통이 있었음을 전혀 알지 못한다. 그 한참 뒤에야 드라마 사극에서 아이를 힘들게 낳는 장면을 보더니, 내가 겪었던 고통을 조금이나마 아는 것 같다.

시어머니께서 아이를 다 낳은 뒤에야 온 남편에게 아이를 안아 보라고 하니까, 남편은 조심스럽게 안아 보더니, 얼굴이 보름달처럼 밝아진다. 그렇지만 어머니 앞이어서 그런지 어색한 모습이었다. 하지만 아들이라고 하니까 남편은 아주 좋아하는 듯했다. 남편에게는 아들만 셋인 것에 대해 섭섭함은 없는 듯했다. 물론 그 시대만 하더라도 아들을 낳으면 그렇게들 좋아하고 주위에서도 한턱을 내라고 하는 것이 보편적인 일이었다. 막내아들이 태어난 지 사흘이 지나서 아이를 안고 집으로 오는데 사람들이 아이를 보고 '무슨 아이가 코가 그렇게 크고 예쁘냐?'면서 덕담을 해주었다. 우리 남편의 코가 커서 내 아이들도 코가 남자답게 큰 것 같았다.

핏덩어리인 막내아들을 집에 데려와서 기르는데, 아주 순하여 한번 우유를 먹여 놓으면 아침에 일어난다. 얼마 지나 아이는 어느 정도 자라서 기어 다닐 수 있게 되었다. 방에 저 혼자 있어도 울지 않았다. 그래서 자세히 살펴보니 기어 오지 않고 옆으로 구르고 굴러서 사람들이 다니는 문 옆에 와 있다. 어느 방향에서 사람이 오는지 다 알고 있는 막내아들이 신통하기 이를 데 없었다. 그러면서 사람이 들어갈 경우에 따스한 봄날 길가에 피어 있는 노란 민들레꽃처럼 활짝 웃으며 좋아했다. 그 모습이 기막히게 귀여웠다. 과거 선배님들의 말에 그런 아이가 있다기에 '어떻게 울지 않는 아이가 있을까?' 하고 의아하게 생각한 적이 있었는데, 말로만 듣던 이런 순한 아이가 내게 있다니, 출산 시 겪었던 고통은 잊은 채 너무 흐뭇했다. 그리고 '만약에 산부인과에서 아이를 바꾸었더라면 크게 후회를 할 것인데 다행히도 바꾸지 않아서 참 잘했다.'라는 생각도 했다.

그 뒤로도 막내 아이는 울지 않고 계속 수월하게 잘 자라주었다. 예방주사를 맞을 경우에도

"엄마 나 울지 않고 꾹 참을게."

하고 말하면서 울지 않아 얼마나 기특했는지 모른다. 얼굴은 음식을 잘 먹어서인지 넓적하여 이웃집 소희 엄마가 '어떻게 이렇게 넓적한 장군 같은 아이가 있나?'며 덕담을 아끼지 않는다. 유치원에 들어갔는데 그곳에서도 인기가 좋았다. 엄마로서 기분이 말할 수 없이 좋았다.

아들이 다 커서, 군대를 다녀왔는데 아들의 얼굴이 피부가 좋은 데다 규칙적으로 식사를 하고 운동을 하니 방 안이 환하여 눈이 부실 정도였다. 그런데 집에 온 뒤로는 무질서하게 컴퓨터 게임에 빠지고 군것질을 너무 심하게 하더니만 그 좋은 얼굴에 환한 모습이 조금씩 사라져 갔다. 그래서 나는 막내아들에게 제발 군대 한 번 더 갔다 오라고 하면 깜짝 질색을 한다. 그의 성격은 아기똥하다. 내 소원은 막내아들이 전처럼 얼굴이 통통하고 환해졌으면 좋겠다. 집에서도 규칙적인 생활을 하라고 잔소리를 하지만 '소의 귀에 경 읽기'다. 막

내아들은 늘품이 있는 아들이다. 이제는 모든 욕심을 다 비우고 '세월이 가르쳐 주겠지!' 하고서 아들을 믿고 하느님께서 주신 선물을 잘 지켜볼 뿐이다.

(2019. 1. 29.)

7부

입암 향우회와 함께한 추억

마오리족이 사는 모습을 보고서

–뉴질랜드 여행기

시드니 공항에서 비행기를 기다리는 동안 갑자기 뇌성벽력과 함께 소나기가 쏟아졌다. 공항을 오르내리는 비행기가 이따금 번쩍이는 번갯불로 위태로워 보인다. 불안했다. 드디어 우리가 타고 가는 비행기가 뉴질랜드 오클랜드를 향해서 이륙하였다. 다행히 뇌성과 번개는 멈춘듯하다. 캄캄한 밤하늘을 비행한 끝에 밤 10시를 지나 목적지 오클랜드 공항에 무사히 착륙했다. 어둠 속에서 바라본 오클랜드의 모습은 이제 하루의 바쁜 일정을 마치려는 듯 차분하고 한가로운 모습으로 바뀌고 있었다.

상쾌한 기분으로 뉴질랜드에서의 새로운 하루를 맞았다. 뉴질랜드는 영국 여왕이 임명한 총독이 주재하며, 의원내각제를 채택하고 다수당의 대표인 수상이 나라를 이끌어가는 민주국가이다. 그리고 국토의 1/2이 농지와 목초지로 농업과 목축업이 발달한 나라다. 우리 교민들도 이민을 통해 꾸준히 늘고 있어 머지않아 그 수가 일만여 명이 될 것이라고 한다.

첫 일정으로 오전에는 오클랜드 시내 관광을 하기로 되어 있어서 시내 중심에 있는 마운틴 이던 공원에 들렀다. 높이가 100여m도 채 되지 않은 언덕으로 시내를 조망할 수 있는 곳이라서 사람들이 많았다. 공원 정상에 올라 주위를 바라보니, 뉴질랜드 제일의 도시 오클랜드 시내 전경과 저 멀리 항구의 모습이 보였다. 그리고 오클랜드 하버 브리지의 모습이 눈에 들어왔다. 마운틴 이던에서 내려와 수많은 요트가 정박해 있는 바닷가를 둘러보았다. 식당 인근에 있는 수영장과 멋있게 꾸며진 정원도 둘러보았다. 뉴질랜드 고유의 식물들과 여러 가지 꽃들이 어우러져 아름답게 꾸며져 있어서 오랫동안 기억에 남을 것 같았다.

그곳을 나와 다음 여행 목적지인 로토루아(Rotorua)로 향했다. 로토루아는 뉴질랜드 북섬의 북부 화산지대에 있는 도시로 온천 지역으로 유명하다고 한다. 우리를 태운 버스는 푸른 초원이 끝없이 펼쳐진 넓은 벌판을 달렸다. 규모가 큰 널따란 목장들이 차창 밖으로 다가왔다 사라져간다. 뉴질랜드가 목축업이 발달한 나라임을 엿볼 수 있었다. 커다란 말들과 소 떼들, 그리고 양 떼들이 무리지어 한가롭게 풀을 뜯고 있는 모습이 참으로 평화롭게 보였다. 뜸베질 하는 소도 보였다. 우리나라 소들도 이 나라 소들처럼 자유롭게 해준다면, 우리 축산 농민들이 긴장하는 일은 없을 것 같다. 드넓은 초원에서 자유롭게 풀을 뜯고 편안하게 살도록 한다면 가축들도 긴장하지 않고, 건강하게 자라서 광우병이니 구제역 같은 몹쓸 병으로부터 해방되지 않을까 싶다. 그렇지 못한 우리로서는 이 나라가 부러울 뿐이다.

이곳 뉴질랜드는 끝없이 펼쳐진 초원이 있고, 초원 주위에는 수량이 풍부한 시냇물이 흐르는데, 우리 축산 농가들은 규모가 작아 영세성을 벗어나지 못하고 있으니 안타까울 뿐이다. 어쩌면 이곳이 소나 양들의 천국이 아닌가 하는 생각이 들었다. 조금 더 가니 인적이 드문 벌판의 갈림길에 한국인이 경영하는 간이 휴게소가 나왔다. 그곳에서 잠시 내려 차를 마시면서 조금 휴식을 취했다. 다시 버스를 타고 한참을 달려서 우리 일행은 로토루아에 도착했다.

우리 일행은 먼저 간헐천 지역을 둘러보기로 하였다. 화산지역답게 유황 냄새가 나고, 여기저기 바위틈 사이로 물이 부글부글 끓어오르며 하얀 연기가 피어오른다. 매캐한 유황 냄새가 코끝을 파고든다. 이곳은 유황 성분을 다량 함유한 온천수가 나와 많은 사람이 찾는다고 한다. 유황 성분이 많이 들어있어 건강에 좋다고 하여 온천욕을 하였다. 그래서 그런지 피로가 확 풀리는 것 같았다. 그 뒤에 이곳 원주민인 마오리족의 공연을 관람하였다.

마오리족은 사회의 어느 분야에나 진출해 있으며 이곳에서 직업적인 차별은 거의 없다고 한다. 마오리족은 19세기 중반부터 의회에 진출하면서 뉴질랜드 정치의 한 부분을 담당하기 시작했다. 뉴질랜드 의회의 총 의석 95석 가운데 마오리족에게는 4석이 할당되어 있다. 자신의 선조가 마오리족이라고 주장하는 모든 사람이 마오리 후보자에게 투표할 수 있지만, 마오리족은 마오리족 후보자나 비 마오리(일반) 후보자 어느 쪽으로도 입후보할 수 있다고 한다.

많은 관광객이 운집한 가운데 드디어 공연이 시작되었다. 연주내용은 '호기'라고 하는 서로 붙잡고 코를 비벼대는 인사법 소개, 마오리족 젊은이들의 전통 춤추기, 이어서 마오리족 전사들의 용맹스러운 모습 보여줌으로써 절정에 이르렀다. 전사로 나온 젊은이들은 17, 8세쯤 되어 보이는 남자들이었다. 춤을 추다가 갑자기 눈을 크게 뜨고 부라리며, 혀를 밖으로 길게 내밀고 창검을 휘저으며 큰소리를 지르니, 그 순간만큼은 무서워 도망이라도 치고 싶었다. 그 모습은 성난 사자와도 같아 보였다. 그렇게 강하게 대해야만 적을 물리칠 수 있기 때문이란다. 공연이 끝나고 나는 그들 중 한 젊은이가 손을 내밀며 악수를 청하는데 조금은 두려운 마음이 들어 망설였다. 징그러운 생각도 들고 한편 무섭기까지 했다. 그러나 그들의 손은 유난히 부드럽게 느껴졌다. 나는 '하느님은 공평하시어 피부가 검은 사람에는 부드러움을 선물하셨나 보다.'라고 생각을 했다.

타우포호수를 관광한 뒤에 그곳에서 잠시 이동하여 번지점프를 하는 곳으로 향했다. 오늘은 휴일이어서 실제로 체험을 하거나 번지점프를 하는 모습을 구경할 수는 없었지만, 번지점프대에서 계곡 아래를 내려다보니 천 길 낭떠러지처럼 아슬아슬해 보여 아주 무섭고 가슴이 저릿저릿 느껴졌다. 이런 높은 곳에서 번지점프를 하는 이들은 아주 용감하고 기백이 있는 사람들이라는 생각이 들었다.

나는 뉴질랜드 관광을 마치고 돌아오면서, '이 나라를 세우고 이끌어간 사람들은 참으로 심성이 고운 사람들이 아니었나?'라는 생각을 해보았다. 대체로 유럽인들이 신대륙을 개척하면서 원주민들을 탄압하고 학살하여 피로 물든 역사가 존재하는데, 이곳에서는 일찍부터 그래도 원주민들인 마오리족과 유럽에서 이주한 사람들이 서로 어우러져 살아가려고 노력해 왔음을 엿볼 수 있어서 참 신선하고 좋은 느낌을 받았다.

인간은 고유한 인격체로서 사랑받고, 존중받아야 할 권리를 가지고 태어났다고 한다. 이런 기본적인 권리가 있음을 알고, 우리는 민족과 종교 그리고 이념을 떠나서 인간을 존중하고 사랑하면서 살아가야 할 것이다. 이렇게 살아갈 때만 세상은 자유롭고 평화로우며, 아름답고 행복한 세상이 되지 않을까?

(2018. 5. 23.)

목포에서 만난 김대중

오늘은 절기상으로 소설이어서 그런지 날씨가 제법 차고 바람이 거세게 분다. 우리 부부를 포함한 병목, 석수, 상기 씨 부부 등 네 가족이 목포 나들이를 하기 위해 정읍역으로 모였다. 은행나무가 노랗게 물들기 시작하면 깊숙이 그 아래 둘러앉고 싶다. 그리고 야위어 가는 푸른빛의 변화를 심장深長하게 바라본다. 눈에 가득 들어차는 가을 단풍이 고와 보인다. 오랜만에 하는 기차여행이라서 그런지 감회가 새롭다.

남편은 이번 나들이가 마음에 드는지 밝고 환한 모습이다. 아마도 남편의 개구쟁이 시절 친구들이 일행이어서 그런지 마냥 즐거운가 보다. 만나자마자 손을 부딪치고 껴안고 야단들이다. 나 역시도 남편의 친구들인데 나도 그들의 친구들인 양 즐겁게 이야기를 나누어본다.

기차를 타고 목포까지 가는 게 지루할 줄 알았는데, 일행과 어울려 재미있게 이야기를 나누며 즐기다 보니 시간 가는 줄 모르겠다. 기차가 출발한 지 얼마 되지 않아 남편은 창밖을 가리키면서, 지금 기차가 자기 고향 마을 접지 마을을 지나고 있다며 손으로 가리켰다. 또 한참 뒤에는 장성군 서삼면 신평마을을 가리키면서, 저기가 자기 처가의 마을이라고 이야기한다. 그 모습이 마치 장난기 많은 초등학생처럼 느껴졌다.

나는 친정 마을이 그곳에 있는지 어떤지도 모르고, 일행들이랑 웃으며 이야기하기에 바빴다. 이제 나이가 지긋한 우리 손녀의 할아버지인데도, 남편의 행동은 손녀와 조금도 다를 바가 없다. 그렇게도 좋을까! 나는 나들이를 가기 전에 목포에 가면 별로 구경거리도 없을 텐데 하며, 가지 않겠다고 살짝 어깃장을 부려 보았다. 그랬더니, 남편이 내가 무엇이든지 해달라는 대로 다 해준다며 같이 가자고 조르는 바람에 그곳에 가게 되었다. 사실 가고도 싶은데 이럴 때 어떻게 나오나 보려고 그렇게 말만 튕겨 보았던 것이다.

수다를 한참 떠는 바람에 지루한 줄 모르고 목포에 도착했다. 요사이 교통 사정이 좋아져 어느 곳이나 쉽고 빠르게 다닐 수 있으니 참 좋다. 목포에 도착하자마자 상큼한 바닷바람이 코끝을 간지럽게 한다. 목포역 앞 광장에서 택시에 몸을 실었다. 광장을 떠난 지 얼마 되지 않아 창밖의 저만치 채소밭에는, 겨울철답지 않게 파릇파릇 돋아난 싱그러운 돌산갓이 진 푸른빛을 자랑했다. 해안가 도로를 조금 달리다 보니 모퉁이를 지나 큼지막한 뚱보 생선횟집이 나왔다. 집주인은 싱싱한 회를 준비하느라 바쁜 모습이다. 방에 들어서니 이제 방금 준비한 듯 모두가 싱싱한 음식이다. 무엇부터 먼저 먹을지 모르게 맛깔나게 상이 차려져 있었다. 골고루 여러 가지를 먹다 보니 나의 작은 배는 어느새 볼록해졌다. 싱싱한 회로 점심을 배불리 먹었으니 느즈러졌다.

이제는 식후경이라며 우리 일행은 운동 삼아 걸어서 삼학도에 자리한 김대중 기념관을 찾았다.

삼학도란 이름이 지어진 배경은 다음과 같다. 그곳에 준수하게 생긴 총각이 무예를 수련하기 위해 외롭게 살고 있었다. 그런데 그곳에는 총각을 열렬히 사랑하는 세 명의 어여쁜 처녀가 있었단다. 어느 날 총각이 그 처녀들에게

"수련 활동에 방해가 되니 어서 삼학도를 떠나라."

하고 말했다. 처녀들은 그 말을 듣고 눈물을 삼키며 배를 타고 그곳을 떠나게 되었다. 처녀들이 떠나는 모습을 본 총각도 어느새 연정이 싹텄던지, 그들을 향하여 가지 못하도록 활을 힘껏 쏘았다. 그랬더니, 그 처녀들은 금방 학으로 변하여 하늘 높이 날다가 그만 바닷속으로 풍덩 떨어지고 말았다. 얼마 뒤 학이 떨어진 그 자리에는 웬 섬이 세 개가 나란하게 솟아났으니, 그 섬들이 바로 삼학도란다.

이곳을 막아서 노벨평화상을 수상한 김대중 대통령 기념관을 만들어 놓았다고 한다. 우리는 기념관에서 김대중 대통령의 출생과 정치 입문, 그리고 정치 역경과 고난을 이겨낸 인간 김대중의 일대기를 사진과 자료 그리고 각종 영상으로 만나 볼 수 있었다. 그곳에는 옥중에서의 김대중 대통령 밀랍인형 그리고 납치, 고문 동영상 등 많은 자료가 비치되어 있어서 그런지, 마치 감옥 안을 들여다 보는듯한 느낌마저 들었다. 그분이 일생을 몸 바쳐 민주화운동에 앞장서다가 투옥되어 감옥에서 읽었던 책들이 진열되어 있는데, 그 가운데 부활이라는 책에 시선이 꽂혔다. 그분은 독실한 천주교 신자여서 항상 하느님을 의지하

고 사셨고 많은 독서를 하셨다. 옥중에서 생활하는 동안 불평을 하기보다, 그 시간에 부활 이외에 헤아릴 수 없이 수많은 책을 읽었으니, 얼마나 지혜롭고 존경스러운가! 사람들이 견디기 어려운 많은 고통을 그분은 이기고 사신 분이라서 하느님께서는 그분에게 특별히 더 많은 은총을 주셨던 것 같다. 우리나라 최초로 노벨평화상을 수상하는 장면을 담은 영상들이 내 마음을 감동케 했다. 많은 사람에게 꼭 한 번 방문해보라 권하고 싶다.

하지만 국내에서는 김 대통령의 수상을 시기하거나 헐뜯는 세력이 있었다. 그중 전직 대통령 한 분은 "개도 웃을 일이다."라고 했고 이런 막말에 많은 사람이 분개했다고 한다. 나는 속으로 '얼마나 기쁜 일이면 개까지도 웃겠는가.'라고 생각했다. 김대중 대통령의 노력으로 2000년 남북 간 6 · 15선언이 있었고, 한반도에는 화해와 교류의 기운이 싹트기 시작했다.

건너편 전시관에는 이희호 여사가 쓰셨던 물건이나 입었던 옷, 그리고 책, 그분의 업적인'사랑의 친구들'에 관한 자료들이 전시되어 있었다. '사랑의 친구들'이란 결식아동을 돕기 위해 설립한 사단 법인이라고 한다. 여사님은 그곳의 명예회장이었다. 그분은 1950년도에 서울대 사범대학을 졸업하고, 1960년도에는 석사 학위까지 받은 그 당시 여성으로서 사회활동에 앞장선 분이었다.

김대중 대통령 부부의 마네킹 모습이 미소 짓는 모습으로 가장 중앙에 서서 우리 일행들을 반갑게 맞아주었다. 너무나 반갑고 죄송한 마음이 들었다. 기념관을 나오며 이 여사님의 보이지 않는 헌신적인 내

조가 있었기에 김대중 대통령이 많은 업적을 이룰 수 있었던 것이다. 훌륭한 업적을 남긴 분들의 뒤에는 반드시 묵묵히 내조하는 훌륭한 아내가 있다. 그래서 많은 사람이 결곡하신 이희호 여사를 더 존경하는지도 모른다. '모든 일을 할 때는 어떠한 어려움과 시련이 닥치더라도 그 모든 것을 이겨낸다면 자기의 꿈이 꼭 이루어진다.'라는 것을 깨닫게 해준다.

(2018. 3. 5.)

성지순례

—이집트와 이스라엘

내가 일생 있는 동안에 꼭 한 번 가보고 싶어 했던 나라가 이스라엘과 이집트였다. 예수님께서 제자들과 함께 복음 말씀을 전하시고 여러 가지 기적을 일으키신 갈릴리호수 일대와, 예수님이 태어나시고 수난을 당하신 베들레헴과 예루살렘이 있는 이스라엘은, 가톨릭 신자라면 누구나 한 번쯤은 다녀오기를 염원하는 곳이다. 그리고 형들한테 미움을 사게 된 요셉이 팔리어 가 고생 끝에 재상이 되어 나라를 이끌었다. 아기 예수가 헤롯왕을 피해 몸을 숨겼던 나라며, 고대문명의 발상지로 피라미드와 스핑크스 유적들이 있는 나라가 이집트이다.

파리를 관광한 뒤 우리 일행은 이집트를 거쳐 이스라엘을 돌아보려고, 이집트 카이로에 도착하여 그곳 호텔에서 하룻밤을 묵었다. 다음날 그 유명한 피라미드와 스핑크스가 있는 기자 지역으로 향했다. 파라오의 무덤인 피라미드는 무게가 1.5t에서 2t이나 되는 돌을 한 개의 무덤에 약 230만 개 정도를 쌓아 만들었다고 하는데 그 규모가 엄청났다. 차가운 모래바람 불어오는 벌판 속에 우뚝 서 있는 피라미드 안에는 직사각형 모양의 관들이 들어 있었다. 구약 시대에 만들어진 피라미드는 이집트의 왕인 파라오들이 왕이 되면서부터 그들이 사후에 지낼 수 있도록 만들었다고 한다. 그러나 지금은 그 화려했던 이집트의 모습은 오간 데 없고 도로 사정이 너무나 좋지 않아 안타깝기 그지없었다.

다음은 아기 예수님이 피난했다는 지역을 둘러보았다. 우리가 찾아간 그곳에는 헤롯왕을 피해 이집트로 피난 오신 아기 예수님을 기념하여 세운 교회가 있었다. 피난 오신 예수님께서는 그곳 지하에서 사셨단다. 우리를 구원하기 위하여 오신 예수님은 태어나시면서부터 고생을 하셨음을 알 수 있었다.

그 역사적 현장을 돌아본 뒤에 우리는 버스를 타고 수에즈 운하를 통하여 홍해를 건넜다. 수에즈 운하를 지나 시나이반도 쪽으로 향하여 달리는 버스 안에서 바라보는 바깥 모습은 가도 가도 끝이 없는 광야였다. 몇 시간을 달려도 풀 한 포기 보이지 않고 끝이 없이 모래벌판만 이어질 뿐이다. 그리고 이스라엘 백성들이 이집트를 탈출하여 3일만에 도착했다던 마라에 도착했다. 이곳은 물이 있어도 맛이 써서 먹을 수가 없자 모세가 하느님께서 지시한 대로 지팡이를 던져 단물로 변하게 했던 곳이다.

달리는 버스 안에서 나는 이집트를 탈출하여 사십 년 동안을 광야에서 헤매며 살았을 이스라엘 민족들의 고난을 생각하면서, 하느님의 뜻을 헤아려보았다. 하느님께서는 인류를 죄악에서 구원하기 위하여 예수님을 이 땅에 보내셨고, 이 땅에 오시어 병든 이들, 가난하고 힘없는 자들 그리고 보잘것없는 이들까지도 사랑하셨다. 그리고 우리를 구원하시기 위하여 예수님은 십자가 위에서 돌아가셨다. 우리는 이러한 구원의 역사가 살아 숨 쉬는 곳을 성지순례까지 할 수 있도록 이끌어 주신 하느님께 감사 기도를 드렸다. 오후 내내 달린 끝에 마침내 조그마한 숲이 있는 마을 근처에 있는 여관에 들어가 여장을 풀었다.

그날 밤 새벽 한 시에 일행은 모세가 십계명을 받았다는 시나이산 정상을 등정하기 위해 떠난다고 하였다. 나와 남편을 포함한 몇 명을 제외하고 일행은 그 험난한 시나이산에 올랐다. 그리고 등정을 마친 뒤, 무사히 돌아왔다. 그 감동과 은혜로움으로 그들의 모습은 환하게 빛났다. 나는 너무 피곤하여 가지 못했는데 그 중요한 곳을 가지 못해서 아쉬움을 금할 수가 없었다.

다시 숙소를 출발한 우리 일행은 이집트와 이스라엘의 국경도시 에일랏으로 향했다. 에일랏에 도착하여 검문소로 지나가려고 하는데 그곳은 여군들이 지키고 있다. 이스라엘은 여자들도 군에 입대하여 국방의 의무를 다한다고 한다. 아랍민족과 항상 대립 관계에 있어서 여자들도 군에 입대하지 않으면 나라를 지킬 수 없으므로, 여자들도 군에 들어가 당당히 나라를 지키고 있다는 것이다. 여군들은 남자 못지않게 용감해 보이고 눈이 반짝반짝 빛났다. 체격은 우리 정도 되지만 나라를 지키겠다는 마음이 몸에서도 묻어 나왔다. 입국 검열을 아주 까다롭게 하였고 약간 무섭기까지 했다. 그렇지만 얼굴 모습이 어찌나 예쁘던지 나와 남편은 그 모습에 반해버렸다. 얼굴 흐름이 꼭 당신처럼 자그마하고 눈이 약간 들어간 것이 비슷하다고 하면서 나더러 중동계라며 그곳에서 사는 것이 좋겠다고 남편이 놀렸다.

국경초소를 통과해 이스라엘에 오니 이제야 사람 사는 나라 같다.

초소를 지나 버스가 한참을 달린 후에 에인 보케에 도착하였다. 우리가 머물게 될 호텔에 여장을 풀었다. 호텔 주위에 많은 식물이 있어서 아주 좋았다. 호텔 바로 앞에는 사해가 있어서 남편과 동료 직원 셋이서 물속에 덥석 들어갔다. 바닷물이 소금기가 아주 많아서 사람들이 수영을 못해도 가라앉지 않는다고 하며, 물이 너무 짜서 물고기가 살 수가 없단다. 나는 남편 직장 동료들이 수영복 차림으로 있어서 차마 들어갈 수 없었다. 이곳 사해에는 많은 관광객이 찾고 있으며 또 사해를 이용해서 비료, 화장품, 화공약품 등 많은 공업제품을 얻고 있다고 하니 가볍게 볼 수 있는 곳이 아닌 것 같다.

에인 보케를 떠나 예리코에 들러 점심을 먹고 피부에 좋다는 비누도 샀다. 그리고 로마군으로부터 나라를 지키려 최후까지 항전했던 마사다 언덕을 돌아보고 갈릴리호수를 지나 숙소로 향했다. 다음날은 주일날이었다. 갈릴리 호숫가에 있는 베드로 수위권 성당에서 우리나라 신부님이 집전하는 미사에 참례하니 하느님께서 꼭 내 옆에 계시는 것처럼 느껴졌다. 이스라엘은 예수님께서 태어나신 곳이어서 대부분이 예수님을 믿을 거라고 생각했는데, 크리스마스 전날인데도 크리스마스 캐롤은 들을 수가 없었다. 시내가 아주 조용하여 물어 보았더니 이스라엘 사람들은 대부분 유대교를 믿는다고 하였다.

그다음 날은 내가 그토록 가보고 싶은 갈릴리호수로 나갔다. 그날은 약간의 눈발이 날려서 우비를 준비하여 나룻배를 탔다. 예수님께서 베드로 등 제자들을 통하여 고기를 잡으신 일을 생각해 보고, 또 호수 위를 걸어가시는 예수님 모습을 상상해 보았다. 그리고 물은 차갑지만 호숫가에서 양말을 벗고, 발을 호수에 담가보며 직접 갈릴리호수를 느껴보았다. 2000년 전 예수님도 몸소 체험하셨을 호수의 숨결 같은 것을 몸소 느껴보고 싶었다. 예수님께서는 호수 주변을 걸으시다가 어부들을 만났다. 시몬과 안드레아였다. 예수님이 그들에게 말씀하셨다.

"내가 너희를 사람 낚는 어부로 만들겠다." (마태; 4장 19절)

라는 말씀을 듣고 그들은 그물을 버리고 예수님을 따랐다. '사람을 낚는다' 의 의미는 전도를 많이 하고 선교를 많이 하라는 것이었다. 과연 나는 삶 속에서 어떻게 그분의 말씀을 실천할 수 있을까?

갈릴리호수를 떠난 우리 일행은 가나와 나사렛을 둘러보고 예수님이 태어나신 베들레헴을 찾았다. 마침 성탄절이 지난 후라서 예수님 탄생 기념성당에 들르니 아기 예수님이 안치되어 있었다. 그곳에서 아기 예수님을 경배하고 나오니 참으로 마음이 흐뭇하였다. 예루살렘에서 하룻밤을 묵고 통곡의 벽과 예수님 수난의 길을 걸어보았다. 주님께서 이곳을 십자가를 짊어지고 고난의 길을 가셨을 고통을 생각하면 가슴이 저며 왔다. 우리 인류를 위하여 가신 고난의 길, 그분이 계셔서 우리는 이렇게 내일에 대한 희망을 가지고 오늘을 사는 것이다. 구세주께 감사드리고 항상 바르게 살아가리라 다짐해본다.

(2018. 5. 13.)

여수 오동도에 다녀와서

오동도는 동백나무 숲으로 유명한 곳이다. 어린 시절 나는 동백나무 잎이 둥그런 편이어서 활엽수가 아닐까 생각한 적이 있다. 그런데 동백나무는 겨울철까지도 잎이 그 푸르름을 유지했다. 유심히 관찰해 보니 추운 겨울을 나고자 옷을 두툼하게 입는 것이었다. 마치 전쟁터에 나가는 장수가 갑옷을 입듯이 추운 겨울을 잘 대비하는 것을 보고서, 꼭 나와 비슷하다는 생각을 하게 되었다. 내가 겨울나기를 잘하려고 외출할 때엔 옷을 여러 겹 껴입고, 목도리로 목을 잘 감싸는 것처럼 말이다.

멀리서나 가까이서 보아도 붉은빛에 하얀빛을 품에 안고, 노란 꽃술을 보듬은 동백꽃은 언제 보아도 아름답다. 예전에 여수 오동도에 오면 이런 동백꽃을 마음껏 볼 수 있어서 얼마나 좋았던가? 하지만 오늘은 동백꽃을 보기에는 이미 철이 지나 꽃을 볼 수 없으니 아쉬울 뿐이다.

식사를 마친 뒤에 유람선을 타고 오동도와 그 주위를 한 바퀴 천천히 도는데, 저 멀리서 끼룩! 끼룩! 은 갈매기가 너울너울 허공에 무언가를 그리고 있다. 통! 통! 통! 포구 안으로 들어오는 고깃배의 메마른

기침 소리가 조용한 바다를 일깨운다. 우리가 타고 있는 배 주위로 갈매기 떼들이 날아와서 배 주위를 맴돈다. 그들이 주위를 맴도는 것은 우리를 낯선 이방인으로 보고 두려운 마음에서 차마 다가오지 못하여 그런지도 모르겠다. 갈매기들은 주로 고깃배들이 모여 있는 곳 주위를 맴돈다. 고깃배가 물고기를 그물로 모아 건져 올릴 무렵 수많은 물고기가 튀어 오르면 그 순간을 놓치지 않고 날아와 잽싸게 물고기를 낚아챈 뒤 날아오른다. 그들이 물고기를 사냥하는 모습을 보면 참으로 영특하다는 생각마저 든다.

갈매기는 끼니를 해결하고 나면 배의 언저리 난간이나 배 윗부분에 앉아 잠을 잔다. 갈매기는 적들을 감시하느라 잠을 잔다고 해야 겨우 1, 2분 자고 깨었다가 또다시 잔단다. 더구나 반쪽짜리 잠을 잔다고 하니 참 신기하고, 안전을 제일 중요시하는 그들의 삶이 너무도 지혜롭다. 반쪽짜리 잠이란 한쪽 뇌만 잠자고, 다른 쪽 뇌는 늘 깨어 있는 상태의 잠을 말한다. 우리도 새처럼 반쪽짜리 잠을 잘 수 있다면 얼마나 좋을까! 젊은 시절 엄마로서 갓난아이를 기르면서 한쪽 뇌는 자고, 한쪽 뇌는 깨어 아이를 돌볼 수 있었다면 얼마나 좋았을까? 상상만 해도 참 좋을 것 같다. 반쪽이라도 잘 수 있으니, 학생들을 지도하는 수업 시간에 졸음이 와서 고통을 겪는 그런 일은 없었을 테니 말이다. 갓난아이를 기르던 시절에는 한 번만이라도 실컷 잠을 자보는 것이 내게는 간절한 소원이었었다. 새들도 너무 피곤하여 잠을 푹 자고 싶을 때는 나무에 구멍을 파고 그 안에 들어가서 자거나, 풀에 들어가 실컷 잔다고 한다.

여수에 돌아오는 동안 버스에서 장기자랑은 남편과 함께 한시 낭송을 하기로 했다. 달리는 버스 안에서 많은 사람이 아주 재미있고 멋지게 노래를 부른다. 차례가 되어 우리 부부도 앞에 나가서, 나는 한시를 낭송하고 남편은 그 뜻을 풀이해주었다. 가끔 한시를 낭송하고 있는 우리로서는, 별문제 없이 글을 보지 않고도 한두 편은 낭송할 수가 있다. 조부님께서 장원한 〈내장사〉란 한시를 낭송했다. 특별하게 노래 실력이 뛰어나면 모르지만, 한시를 낭송하는 편이 더 의미가 있을 것 같아서다. 그렇게 하니 모두가 나이가 지긋한 분이라서 그런지, 반응이 좋은 것 같아 매우 흐뭇했다.

오늘 함께 간 많은 분과 밝게 웃으며 즐길 수 있어 정말 좋았다. 그들과 모처럼 함께한 여행이었지만 허물을 틀 좋은 기회가 아니었나 싶다. 그리고 오늘 하루도 아주 좋은 추억이 또 하나 만들어졌다는 생각에 흐뭇하다. 여행할 때는 사전에 미리미리 준비를 철저히 하면, 나 자신은 물론이고 함께하는 사람들까지 즐겁다는 것을 다시 한 번 느껴보았다.

(2018. 10. 8.)

입암 향우회와 함께한 추억

"라파엘라 씨! 모임에 갈 준비는 되었나요?"

"네, 가장 깔끔하게 단장을 마쳤네요."

장성에서 살 때는 남편이 모임에 나가자는 말을 했던 기억이 전혀 나질 않는다. 그런데 남편이 입암 향우회 연말 부부 모임이 있으니 같이 나가자고 했다. 몇 년 동안은 내가 해남에서 근무하며 바쁘게 사느라 어떤 모임에나 참석할 수가 없었다. 하여튼 함께 모임에 나가자고 하니 기분이 나쁘지는 않았다.

이 모임은 모두 입암면이 고향인 분들로 자영업을 하는 분들이 많고 직장생활을 하는 분도 여럿 있다. 모임 장소는 정읍에서는 제일 번화한 거리에 있는 제일서점 앞에 위치한 '대일 식당'인데 규모가 큰 식당이었다. 오랜만에 만나는 회원 부부들과 반갑게 인사를 나눈 뒤에 식사했다. 그리고 장기자랑 하는 시간이 이어졌다. 제일 분위기를 잘 맞추는 이상준 씨 내외가 먼저 앞으로 나가서 노래를 멋지고 재미있게 부르고, 이어 다른 회원도 차례차례 나와서 흥을 돋우었다.

그 순간 나는 먹은 게 소화가 되지 않아 배속이 부글부글 끓어올랐다. 소화제를 사 먹을까 해 밖으로 살짝 나왔다. 소화제 덕분인지 속이 조금은 전보다 편해졌다. 그래서 다시 모임 장소로 갈 것인가 아니면 그냥 이대로 집에 갈 것인가 고민을 했다. 그러다가 이왕에 왔으니 모임에 끝까지 참여하려고 다시 식당으로 들어갔다.

그런 나를 본 회장님이 반가워하며

"집에 가신 줄 알았는데 어떻게 다시 돌아오셨지요?"

하며 묻기에 나는

"남편이 혼자서 노래를 부르는데 그 소리가 어찌나 처량하게 멀리까지 들리는지, 차마 집에 가지를 못하고 돌아왔어요."

라고 웃으며 말했다. 내 말끝에 모든 분이 한바탕 크게 웃어젖혔다. 때마침 남편이 혼자서 외롭게 노래를 부르고 있었기 때문이었다. 나는 무심코 말을 했지만, 회원들은 아주 재치 있게 말한 거로 느꼈나 보다. 나는 곧바로 남편 곁으로 가서 같이 손을 잡고 박자에 맞추어 분위기를 맞추었다. 사실 그곳은 정읍에서 가장 시끌벅적한 거리여서 남편의 노랫소리가 멀리까지 들릴 리가 없었다. 여러 사람이 앞자리로 나와서 분위기를 맞추느라 정신이 없었다. 실컷 노래와 춤을 추다 보니 시간이 많이 흘렀다.

회장님께서는

"이제부터는 장기자랑 대회 시상식이 있겠습니다."

라고 말했다. 모두 회장 쪽을 바라보면서 혹시 자기도 상을 받지나 않을까 기대를 하는 모습이었다. 활발한 성격이 아닌 나는 상은 기대조차 하지 않고 있었다. 먼저 동상, 은상, 금상 수상자를 호명하였다. 마지막으로 그랑프리대상 수상자 발표를 남겨두고 있었다. 모두 누가 탈까 조마조마하며 기다렸다. 그런데 이게 웬일인가? 가장 좋은 '그랑프리대상'을 나에게 주는 것이 아닌가. 나는 물론이고 남편 그리고 다른 회원들도 의아해하며 놀라는 모습이었다. 상품은 20kg들이 사과 상자만 한 큰 상품이었다. 상을 받으니 무어라 표현할 수 없을 만큼 기뻤다.

나는 그때부터 '나도 그런 유머 감각이 내 안에 있구나!'라며 자신감 같은 걸 갖게 되었다. 그리고 그 뒤 어느 모임에 가나 코믹한 말 한마디라도 하려고 애를 쓰게 되었다. 그랬더니 자신감이 붙고 내 성격이 밝아짐을 느꼈다. 그 뒤부터 향우회 모임이 있으면 성격이 매우 활발하고 욕심이 많은 스위스 모텔 사모님과 이상준 씨 사모님께서 그랑프리대상을 타려고 갖가지 가진 재능을 뽐내려 애썼다.

그 뒤 10여 년이 흐른 어느 날이었다. 입암 향우회에서 입암산을 등반하기로 한 날이었다. 남편이 회장을 맡고 있기에 나는 회장의 아내 역할을 다해야 하므로 적극적으로 참여했다. 입암산 정상인 갓 바위에 오르니 여자 회원은 삼베 바지에 방귀 새어나가듯 어느새 다 가버리고 20여 명 중에서 나 혼자가 아닌가! 더구나 그곳은 상당히 가파른 곳이었다. 책임감이 강한 나는 손에 홍어회 접시와 초간장을 들고 건장한 회원들과 똑같이 산에 올라가야만 했다. 나는 홍어회를 맛도 볼 수 없으면서 그분들이 원하면 얼른 꺼내어 술과 함께 대접했다. 그분들은 나에게 아주 고맙다며 생기가 넘친 모습으로 술을 마시곤 하였다.

온종일 입암산을 누비며 그분들과 함께 등산했더니 몸무게가 2kg이나 빠져버린 것 같았다. 다이어트를 해야 할 입장이면 살이 빠져서 좋지만, 나는 그렇지 않아도 저체중인데 살이 빠지니 참으로 안타까운 마음 금할 수 없었다. 하지만 내가 그렇게 건장한 회원들과 함께 갓바위까지 올라갔다는 추억을 떠올리면 지금도 너무 흐뭇하기만 하다.

지금도 입암 향우회를 생각하면 내게 자신감을 심어준 그랑프리대상을 받은 일과 갓바위까지 오르며 향우회 회원들에게 봉사하던 추억이 떠오른다. 고향이 같은 사람들끼리 서로 정을 나누고 사랑을 나눌 수 있는 향우회는, 우리에게 행복한 마음을 갖게 하는 푸근함이 샘솟는 모임이 아닌가 싶다. 그래서 나는 입암 향우회를 사랑한다.

(2019. 04. 20.)

잊지 못할 수학여행

1963년 11월 11일 늦은 가을이어서 들녘은 휑뎅그렁했다. 초등학교 6학년 때 50여 명의 친구와 함께 서울로 수학여행을 갔다. 선생님 두 분(임준 선생님과 故 고준환 선생님)이 길라잡이를 하셨고, 창경원, 방송국, 창경궁, 남산 등을 구경한다고 했다. 수학여행 비용으로 학생 1인당 쌀 한 되와 돈 350원씩을 거출하였다.

그런데 아버지께서는 돈이 없지도 않으신 것 같은데 수학여행비를 모든 친구가 다 내고 난 뒤까지도 주지 않으셨다. 결국 내가 눈물을 보인 뒤에야 겨우 돈을 주셨다. 참으로 마음이 아프고 속이 상했다.

드디어 기다리고 기다리던 여행을 떠나는 날이 되었다. 설레는 가슴을 안고 장성역에서 완행열차에 몸을 맡겼다.

달리는 기차의 차창밖에 펼쳐지는 풍경을 감상하면서 열 시간 가량을 타고 가니 용산역에 도착하였다. 용산역 앞에는 오고 가는 사람들과 자동차가 많아 분주하기 이를 데 없고 사방을 둘러보아도 온통 빌딩뿐이었다. 그 모습을 보며 한참 동안 어리둥절하였다. 그런데 한 남자애가 용산역에서 내려야 하는데 졸다가 서울역까지 가고 말았다.

여관에 도착하여 인원을 점검해 보니 한 아이가 보이질 않았다. 우리 일행은 많은 걱정을 하게 되었다. 선생님들도 근심 어린 모습으로 이리저리 그 아이를 찾으려 분주하게 움직이셨다. 한참 뒤, 보조 교사인 고故 고준환 선생님이 고빗사위시간을 놓치지 않고 그 친구를 데리고 와 안심할 수 있었다. 친구는 친구대로 일행을 놓쳐 헤매며 울고 있었단다. 이때 담임선생님과 친구 복현이의 마음은 얼마나 걱정이 되었을까? 그때를 생각하며 나는 성인이 된 뒤에도 여행 중 행여 길을 잃을까 봐 긴장하곤 하였다.

저녁을 먹고 밤이 깊어 잠자리에 들려고 하니 밖은 저녁 내내 불이 켜져 있는 데다 방이 비좁아 잠을 이룰 수가 없다. 이를 아시고 담임선생님께서 당신 방에 와서 잠을 자도록 배려해주셨다. 선생님의 손에 이끌리어 가기는 했는데 차마 귀잠을 잘 수가 없었다. 성격이 소심한 나는 기어이 내 방으로 돌아와 잔 기억이 난다. 담임 선생님께서는 내가 순되어서 나를 예뻐하신 것 같았다.

다음날 창경원에 가서 여러 가지 동물들을 관람했는데 가장 신기한 동물은 칠면조였다. 몸빛은 청동색이고 꼬리가 부채 모양으로 펴져 있으며 머리에서 목에 걸쳐 피부가 드러나 있고 살이 늘어져 있었다. 그 빛이 붉은색이나 파란색 등 여러 가지로 변하여 칠면조라는 이름을 붙였다고 하며 식용이나 애완용으로 널리 기르고 있단다. 앵무새며 다른 새들의 모습도 너무나 아름답고 귀여웠다. 다음에는 원숭이가 여러 가지 재주를 부리고 있는 모습을 보니 아주 재미가 있었다. 기어다니는 것 빼고는 꼭 사람같이 생겨서 한참을 바라다보았다. 다른 친구들도 나처럼 원숭이가 제일 신기한 모양이었다. 그리고 구관조가 말을 하고 있었다. 사람이 말을 하면 똑같이 따라 하는 것이다. 그것도 자기가 하고 싶어야 하지, 싫으면 절대 하지 않았다. 아이들이 많아서 정신이 없고 귀찮기도 하겠다는 생각을 들었다. 그 밖에도 난추니(새매의 수컷), 호랑이, 사자, 코끼리와 능소니(곰 새끼)까지 신기한 동물들이 아주 많아서인지 친구들의 얼굴은 낮꽃이 피어 있었다.

그 다음은 창경궁을 구경하였다. 그곳에서는 옛날 조선 시대에 왕과 왕비가 살았다고 한다. 아주 화려하고 웅장하였다. 그곳을 보면서 옛날 조선 시대에 왕들이 그곳에서 살던 모습을 상상해 보기도 하였다. 그들은 참으로 행복했을 것 같다는 생각을 했다. 왜냐면 으리으리한 궁궐에서 화려한 비단옷을 입고, 매일 잔칫상처럼 좋은 음식을 대접받으며 편하게 사니 무슨 걱정이 있겠는가? 더구나 왕들은 부인들이 여러 명이어서 자기가 가고 싶은 방에서 잘 수 있어서 좋을 것 같다는 지금 같으면 철없는 생각을 해보았다.

다음에는 방송국에 갔는데 천장을 바라보니 여러 가지 카메라가 매달려 있고, 규모가 아주 대단했다. 그리고 여러 명의 아나운서가 열심히 방송하고 있는 모습이 참 신기했다. 방송실 각 방마다 각자가 방송 준비를 하느라 여념이 없었다. '그렇게 준비를 하니 실수를 하지 않고 잘하는구나!' 하고 생각을 했다.

그 다음 코스는 남산에 오르는 일이었다. 친구들이 너울춤을 추며 걸어가는 모습이 보기 좋았다. 중간에 너럭바위가 있어서 잠깐 휴식을 취했다. 온갖 아름다운 꽃과 평소에 보지 못했던 나무들을 바라보며 때로는 장난도 치고 맛있는 간식을 사 먹으며, 신나게 산을 올랐다. 남산 위에서 서울을 바라보니 저 멀리 한강이 보이고 시내의 규모가 엄청났다. 이렇게 우리나라에서 제일 큰 도시 서울을 한눈으로 바라볼 수 있다니 참으로 감격스러웠다.

지금도 어쩌다 동창회에 나가게 되면 으레 하는 이야기가 있다. 수학여행 때 잃어버렸던 남자 친구에 대한 이야기는 잔칫상의 첫 메뉴다. 친구들은 그 이야기로 한바탕 웃음꽃을 피우며 그간의 삶에 대한 이야기를 나누곤 한다. 그때 길을 잃었던 친구는 동창회에 나오지 않아서 지금은 어떻게 살고 있는지 궁금하다. 난생처음 가 보았던 서울로의 수학여행은 지금도 우리에게 많은 즐거움을 선사하고 우리를 그 시절로 되돌아가게 해주는 행복한 추억거리가 아닐 수 없다.

(2019. 2. 19.)

잊을 수 없는 시드니 여행

―오스트레일리아 여행기

지금까지 성지 순례로 몇 차례 해외여행을 다녀 보았지만, 이번에는 M.E.가족들과 함께 떠나는 오로지 관광만을 위한 여행이다. 린위탕林語堂은

"참다운 여행이란 자기가 속해 있는 사회와 집단을 떠나 자기 자신을 찾아 떠나야 한다."

고 말하며,

"또한, 여행의 참맛은 방랑의 기쁨, 유혹, 모험을 즐기는 데 있다."

고 했다. 그분의 이야기처럼 나도 일상의 삶에서 벗어나 방랑자처럼 편안한 마음으로 새로운 것들을 보고 즐기며, 방랑의 기쁨도 갖는 여행을 하고 싶었다.

이번 여행의 첫 목적지 시드니는 오스트레일리아 제일의 항구도시이며, 세계 3대 미항으로 이름난 곳이다. 시차는 한국보다 두 시간이 빠르고, 지중해성 기후로 한국의 기온과 비슷했다.

남편과 함께 새로운 세계를 찾아간다는 설렘과 하늘을 나는 것 같은 기분으로 붕 떠 있었다. 시드니공항에서 시내로 들어서니 차량들이

분주하게 움직였다. 큰 차를 선호하는 우리나라와는 달리, 작은 차들이 눈에 많이 띄었다. 시드니 외곽으로 접어드는가 싶더니 우리네 관광농원 같은 곳에 들러 점심을 먹는단다.

불판에 비프스테이크라고 구워 주는데, 고기의 양은 많으나 우리가 먹어오던 스테이크와는 다르다. 남편은 한 덩어리를 먹고 나는 반 개 정도 먹고 나니 더는 먹고 싶은 생각이 사라진다. 맛은 물론이려니와 육질이 한우와는 큰 차이가 나 우리네 입맛에는 별로인 것 같았다. 그래도 일행 중에서 고기를 좋아하는 사람들은 맛있게 잘도 먹는다. 그들이 부러웠다. 이 나라 사람들은 이런 스테이크를 매일 맛있게 잘 먹는단다. 그래서 그런지 만나는 사람마다 체구가 아주 크고 힘도 셀 것 같아 보였다.

우리 일행을 태운 버스는 광야를 한참 달렸다. 이윽고 넓은 모래사막이 나왔다. 우리는 버스에서 내려 보드며, 모래 썰매를 빌려 가지고 모래언덕 위로 올라갔다. 힘들게 언덕 위에 오른 우리는 모래사막에서 보드와 모래 썰매를 타고 언덕을 미끄러지며 즐거운 시간을 보냈다. 보드를 바닥에 대고 앉아서 양손으로 힘껏 모래 바닥을 뒤로 밀어 젖히니 경사가 급한 모래언덕을 빠른 속도로 미끄러져 내달린다. 모래에 처박혀 땀과 모래로 눈과 코가 수난을 당했지만, 그래도 어렸을 때 언덕에서 미끄럼 타던 기분을 내며 아이들처럼 신나고 즐거운 시간을 보냈다. 함께한 일행 모두가 아주 즐거운 모습이었다. 다만 너무 무더워 땀을 흘리고, 모래가 입속에 들어오는 바람에 말을 할 수도 없고, 무엇을 먹을 수도 없었다. 괴로운 점도 있었으나 모래 썰매를 탔던 재미는 오랫동안 잊히지 않을 좋은 추억이 될 것이다.

둘째 날 버스로 이동하면서 현지 가이드가 오스트레일리아에 대하여 많은 것들을 자세히 안내해주었다. 국토면적이 769만㎢, 인구는 약 2,300만 명으로 캔버라가 수도이며, 유럽계가 89%, 아시아계가 4%이며, 원주민, 그리고 아프리카인 등으로 구성되어 있다고 한다.

영국의 식민지였다가 1901년 독립하여 영연방에 통합되었다. 형식적으로 입헌군주제를 취하며 국가원수는 영국 국왕이고 총독에 의해 대표된다. 실제로는 의회 제도를 채택하고 있으며 정부 수반이 총리다. 철, 석탄 등 지하자원이 풍부한 나라로 앞으로도 크게 발전할 잠재력이 큰 나라다. 우리와 같이 인구가 많은 나라에서는 이곳으로 많은 사람이 이민을 오면 서로가 좋겠다는 생각이 든다. 그런데 1973년 이전에는 유럽계만을 대상으로 이민을 허용하는 백호주의 정책을 펼치다가. 노동력 부족 등을 이유로 1973년부터 백호주의를 전면 폐지하면서 우리 국민도 이민 갈 수 있는 길이 열려, 지금은 15만여 명이 오스트레일리아에 가서 살고 있단다.

도로를 달리는 자동차들을 보니까, 운전석이 우리와는 다르게 오른쪽에 위치해 있다. 그리고 버스 안에서 음식물을 섭취하는 경우 벌금을 낸다고 한다. 거리에는 특별한 조명 시설이 없어서 퇴근을 할 때에는 상가에 불을 켜 놓고 퇴근해야 한다고 한다. 버스가 달리는 동안 도로 옆 기찻길에는 대륙을 횡단하며 화물을 운송하는 기차가 기다란 화물칸을 매단 채 느릿느릿 달리고 있다. 두 시간이나 달렸을까? 마침내 목적지 블루마운틴 국립공원에 도착하였다.

오스트레일리아의 그랜드 캐니언으로 불리는 블루마운틴 국립공원은 1,110m 대의 많은 산이 모여 그 자태를 뽐내고 있었다. 블루 마운틴은 이곳 산들을 뒤덮은 유칼립투스 나무에서 증발된 유액乳液이 햇빛에 어우러져 빚어내는 안개 현상 때문에 붙여진 이름이라고 한다. 가파른 계곡, 폭포, 기암괴석이 등이 빚어내는 아름다운 경관으로 2000년 유네스코 세계 자연 유산으로 지정되었단다. 저 멀리 웅장한 모습의 바위들이 끝이 없이 이어져 있다. 그렇지만 미국의 그랜드 캐니언이 남성적이라면 블루마운틴은 여성적인 모습으로 비교된다고 한다. 우리 일행은 승강기를 타고 산 아래 계곡으로 내려가 오랜 세월을 원시림 상태 그대로 간직하고 있는 숲을 둘러보았다. 그 숲을 바라보면서 '우리도 수만 년 전 그 당시 인류의 모습으로 타임머신을 타고 되돌아갈 수 있는 체험을 할 수 있다면 얼마나 좋을까?'라는 생각을 해보았다.

에코 마운틴은 블루마운틴 일대에 형성된 산악지대이다. 온통 초록빛 푸르름으로 뒤덮여 주택이나 도로가 구분이 안 되었다. 왕립식물원에도 잠깐 들러보았다. 그곳 식물원에서 온갖 희귀한 식물을 구경하였는데 북반구 지역에 있는 식물들과 다른 식물들에 대해 설명을 들을 수 있었다. 그곳에서 나와 앞쪽을 바라보니 저 멀리' 다리 오페라 하우스' 고층 빌딩들이 보였다. 다리 오페라 하우스에서는 자주 이곳을 찾는 관광객을 대상으로 오페라공연을 열곤 한다는데 지금은 휴관 중이라고 하여 아쉬웠다.

시드니로 돌아와 바닷가에 들러 요트체험을 하였다. 조개껍질 모양으로 건축된 명물 오페라 하우스와 바다 위를 가로지르는 시드니 하버 브릿지가 어우러져 참으로 아름다운 모습으로 관광객들을 맞는다. 유람선을 타고 주위를 둘러본 뒤, 선상에서 간단한 점심 식사를 하고 있는데 우리 가요가 너무 큰 소리로 들려왔다. 부산 갈매기였다. 문성재가 부른 대중가요라서 아주 반가운 마음에 우리 일행도 같이 어울려 노래를 불렀다. 박수로 장단을 맞추기도 하고 엉덩이도 흔들어가며 그들과 분위기에 젖어 시간 가는 줄을 몰랐다. 주위를 살펴보니 온통 한국 사람들뿐이었다. 외국이 아니라 우리 어느 관광지역에 와 있는 것 같다는 착각을 하게 했다. 음식도 우리 음식을 주문할 수 있어서 점심을 맛있게 먹을 수 있었다. 김치, 홍어회, 불고기, 김밥 등 우리가 평소 좋아하는 메뉴가 준비되어 있었다. 한국인 관광객들이 많으니, 음식도 그렇게 준비가 되어있는 것이다. 한국인 관광객들이 많으니 은근히 자부심이 생겼다. 우리 모두 열심히 살아 더 잘사는 나라를 만들어야겠다.

(2017. 4. 11.)

청량산 문수사

지난여름은 너무나도 무더웠다고들 한다. 하지만 개미허리처럼 날씬한 체구의 나는 더워서 고생해본 기억이 나질 않는다. 지난 8월, 무안 연꽃 축제에 가서 느꼈던 무더위 말고는 그런대로 지낼 만했던 것 같다. 가을이 무르익어감에 따라 서늘한 바람이 불어와 내 마음을 스산하게 한다. 온 산하山河는 초록빛 싱그러움을 벗어버리고 마치 스무 살 곱디고운 처녀의 수줍은 얼굴처럼 붉은빛으로 물들어간다. 하지만 그 모습을 볼 수 있는 시간은 지나고 보면 왜 그리도 짧은지 모르겠다.

오늘은 입암 향우회 회원들과 청량산 문수사에 가기로 한 날이다. 문수사는 고창군 고수면 은사리 청량산 중턱에 있는 절인데, 전북 고창과 전남 장성의 경계에 있다. 백제 의자왕 4년째인 644년에 신라의 승려 자장율사가 세운 절이다. 그리고 이곳 단풍나무숲은 천연기념물 제463호로 지정될 만큼 단풍이 곱기로 이름이 나 있다.

나는 서둘러 화사한 물방울무늬의 재킷으로 한껏 멋을 부리고 회원들과 더불어 들뜬 마음으로 관광버스에 올랐다. 일행과 함께 요즘 세상 사는 이야기를 나누다 보니 곧바로 목적지에 도착했다.

문수사 창건 설화에 따르면, 자장율사가 당나라에서 귀국하는 길에 이곳을 지나가게 되었는데 당나라에서 수행修行했던 청량산과 비슷하여, 이곳 석굴에서 7일 동안 정성껏 기도를 드렸다고 한다. 그러던 중 땅속에서 문수보살이 솟아오르는 꿈을 꾸어 그곳을 파보니 커다란 문수보살 입상이 있어서, 이곳에 절을 세우고 문수사라 이름을 지었다고 전한다.

문수사를 둘러보고 발걸음을 옮기자, 샛노란 은행잎과 검붉은 단풍잎이 바람에 쓸려 보도 위에서 동동거리고 있다. 이른 봄 여린 눈 잎으로 피어났던 게 어느새 땅에 떨어져 바스락거렸다. 세월의 뒤안길에 묻혀 있던 추억의 편린들이 스멀스멀 되살아나난다. 나는 어릴 적 유난히도 은행잎과 단풍잎을 좋아했다. 몇몇 친구들과 뒷산에 올라가 그들이 수북이 쌓여 있는 곳을 발로 쓸고 파헤쳐서 은행 알을 줍기도 하고, 여러 고운 빛깔의 낙엽들을 모아 책갈피마다 모양이 흐트러질세라 조심히 넣어두었다가 학습 자료로 긴요하게 썼던 기억이 새롭다. 단풍잎은 마치 갓난아기의 손처럼 아주 귀여워 보였다.

바람이 살랑 불고 하늘은 끝없이 높기만 하다. 산등성이를 올라 단풍나무 숲을 지나니 아기단풍이 유난히 곱게 물들어 있어서, 이 길 끝자락에 또 다른 세상이 펼쳐질 것만 같은 신비감마저 느껴졌다. 왠지 내가 신선이라도 된 기분이다. 자연이 뿜어내는 여러 가지 빛깔들의 어울림은 감히 무어라 형언할 수 없는 감탄을 자아내게 한다. 붉은색, 노란색, 연두색, 자주색은 초록빛과 어우러질 때 비로소 그 고유의 아름다움이 빛깔을 드러낸다. 청량산을 붉고 잔잔하게 물들인 이곳의 단풍은 철이 지난 명산 내장산의 아쉬움을 달래주기에 부족함이 없는 것 같다. 길가에 나뒹구는 낙엽은 이곳을 찾는 많은 사람에게 고운 자태를 한껏 뽐내다가 이제는 자신의 본향으로 돌아가고자 숨을 고르고 있는 듯 보여 내 마음이 숙연해진다.

사진작가들이 아기단풍의 멋진 모습을 카메라에 담고자 여기저기서 셔터를 눌러 댄다. 좋은 작품을 남기려고 카메라를 들고 열심히 붉게 물들어가는 단풍들을 사진에 담고 있는 모습이 무척 부럽고 좋아 보였다. 그들은 본향으로 되돌아가는 단풍의 아쉬운 마음까지도 사진에 담아내려는 듯 정성을 다해 촬영에 몰입하고 있었다.

구부러진 산길 저 아래쪽에선 단풍이 얼굴을 붉힌 채 살짝 고개를 내밀면서

"아줌마, 매우 반가워요!"

하면서 다정한 눈빛으로 나를 반겼다. 내 앞에는 울긋불긋 멋진 옷을 차려입은 사람들이 단풍이 되어 걸어가고 있다. 뒤에서 걸어오는 사람들에게도 내 모습이 그렇게 보일지 모르겠다.

문수사에 올 때마다 우리 막내 고모가 생각난다. 막내 고모는 문수사 아랫마을로 시집와서 고모부와 5남매를 낳은 뒤 광주에 나가 열심히 사시다가 51세인 젊은 나이에 돌아가셨다. 이곳 문수사 아랫마을에 살던 젊은 시절에는 청량산을 넘어 가끔 친정인 서삼면 신평에 다녀가곤 하셨다. 아버지도 작은아버지와 함께 막내 여동생이 생각나면 문수사가 있는 청량산을 넘어가곤 하셨다. 막내 고모와 우리 아버지는

구순했다. 이곳 문수사를 찾아와 붉게 물들어가는 단풍의 모습을 보노라면 끌끌하신 막내 고모가 떠오른다.

나는 더 걷고 싶었지만 너무 걸으면 무릎에 무리가 올까 봐 혼자서 주차장으로 돌아오는데 무언가가 통하는 바가 있던지 남편도 내 뒤를 따라오고 있었다.

"여보! 당신은 운동도 더 하고 곱디고운 오색 단풍에 한껏 취했다가 돌아와 그들과 나눈 이야기나 전해 주세요."

"나는 사랑스러운 아기단풍과 친한 친구가 되어 세상사는 이야기를 마음껏 나누었다오. 그러니 이제는 당신과 같이 즐거운 시간을 갖고 싶소."

그 말을 듣는 순간 남편만이 나의 힘든 상황을 알아채고 내게 크나큰 배려를 해주는 것 같아 오늘따라 남편이 더욱더 고맙게 느껴진다.

집으로 돌아오면서 창밖을 물끄러미 바라보았다. 한때 황금물결 출렁이던 벌판은 어느 사인가 그 자리에 푸릇푸릇 새로운 생명이 움트고 있다. 나는 해마다 이맘때쯤 청량산 문수사를 찾는다. 그리고 관광객이 드문 고즈넉한 절과 그 주변 아기단풍과 낙엽들을 바라보며 저무는 한 해의 뒤안길에서 지난날을 되돌아보곤 한다. 그리고 골짜기 여기저기에서 마지막까지 온 힘을 다해 자신을 불사르며 몸부림하는 고운 단풍이 주는 외침은 무엇일까 생각해본다.

(2016. 12. 13.)

마음 밭에서 피어나는 수필의 향기

-김창임 수필집 ≪들꽃 향기에 취해≫ 출간에 부쳐

이희석(수필가)

1. 여는 말

평소 풋풋하고 따스한 삶의 이야기를 써 온 김창임 작가가 드디어 첫 수필집을 낸다니 반갑고 기쁘기 그지없다. 김창임 수필가처럼 열심히 수필을 쓴 작가도 드물 것이다. 한마디로 말하면 밤을 지새워 가며 수필을 쓰는 수필 마니아다. 〈부엉이가 되어 버린 나〉를 보면 어떤 자세로 수필에 푹 빠져들고 있음을 엿볼 수 있다.

요사이 수필 쓰기를 하니 그렇게도 지루한 한밤중이 금방 지나가 버린다. 이제는 글을 쓰는 데 시간을 보내니 이거야말로 일거양득이 아니고 무엇이겠는가. 진즉 변 박사와 호 개그우먼이 수필 쓰기를 권한 적이 있었는데 내 건강이 더욱 나빠질까 봐 사양하곤 했었다.

오늘은 지난번 남편 모임에 가서 생선회를 배불리 먹어서인지 이틀 저녁째 날밤을 새우고 있다. 단잠을 자다가 물을 마시러 나온 남편은 컴퓨터 앞에서 글을 열심히 쓰고 있는 나를 보더니 내가 이틀 동안이나 날밤을 새웠다며 "하여간 지독한 사람"이라고 한마디 거들고 갔다.

그렇다. 나는 지독한 사람이고, 또한 부엉이다. 하지만 이 밤이 가고 나면 수필 한 편이 쌓이니 얼마나 행복한 일인가? 밤새 수필과 놀았어도 피곤한 줄을 모르겠다. 수필은 피로 해소제인 것 같다.

수필 쓰기에 전심전력을 다하는 작가의 모습이 생생하게 떠오르지는 않는가. 그러고 보니 불광불급의 흐름은 김창임 작가에도 면면히 이어지는 것 같다.

2. 일상에서 줍는 행복

김창임 수필가는 일상생활에서 느끼는 소소한 감정을 서정적으로 묘사할 줄 안다. 〈들꽃 향기에 취해〉에서 작가는 새벽 미사를 마치고 천변을 따라 집으로 걸어오면서 길목에 있는 풍경과 여러 가지 현상에 대한 감정을 섬세하게 묘사하고 있다.

비가 내린 뒤라서 냇물이 맑아 물속을 들여다보니 송사리들이 먹이를 구하려고 떼를 지어 올라오고 있다. 냇가 가장자리에는 봄에 그토록 아름답게 피었던 꽃창포들이 할 일을 다 했다는 듯 줄기만 남아 어딘가 모르게 허전하게 보였다. 바로 위로는 온 힘을 다해 생명력을 키워내고 있는 갈대와 줄의 모습이 활기차다.

한참 걷다가 둑 위쪽을 바라보니, 강아지 꼬리를 닮은 강아지풀과 쑥부쟁이, 왕고들빼기와 애기똥풀이 눈에 띈다. 애기 똥풀은 꽃이 한창인데 꽃 모양이 빼어나지는 않고 수수해 보인다.

얼마쯤 더 걸어가니 풀숲에서 메꽃이 귀여운 모습으로 나를 반가이 맞아준다. 이슬이 맺혀있는 연분홍 꽃잎이 실바람에 흔들리니 더욱더 청아해 보이기까지 한다. '충성'이란 꽃말을 지닌 여러 개의 꽃술과 분홍빛 꽃잎으로 이루어진, 여러 꽃이 어우러져 있는 모습을 보면서 마음이 든든해짐은 어인 일일까? 아마도 장군을 위해 자신의 임무를 다하다가 죽어간 그 연락병의 충성스러운 마음이 내 마음을 사로잡아 그랬는지도 모르겠다.

작가만이 가지고 있는 또 다른 세계에 온 듯하다. 〈일상에서 느끼는 작은 행복〉도 안분지족할 줄 아는 작가가 마음이 잘 드러난 글이다.

한 시간 정도는 상쾌한 기분으로 걷기 운동할 수 있어서 행복하고 집에 와서 내가 좋아하는 양파김치와 김, 그리고 된장국과 강황 가루를 넣은 찹쌀밥을 먹고 나니 꿀맛이어서 행복했다. 그리고 아들이 사준 노트북이 집에 도착해서 행복하고, 거울을 보니 내 얼굴이 조금 핏기가 있어 건강해 보여서 행복하고, 이리저리 생각해 보니 너무도 많이 있다. 이 행복!

모든 진실에는 아름다움이 있다. 자신의 내면을 속임 없이 솔직하게 그린 글에는 독자의 심금을 울리는 감동이 있다. 김창임 수필가의 모든 수필이 그렇다. 그녀의 솔직한 글은 읽을수록 마음을 끌어당기는 힘이 강하다. 평범한 일상도 그녀의 펜 끝에서 씹히면 감칠맛을 낸다.

3. 도야된 인격이 빚어낸 언어

수필은 작가의 인격 반영이요, 삶의 그림자라는 생각이 든다. 글이 곧 사람이라고 하는 말에 공감이 간다. 수필이 수필을 쓴 작가의 인생의 전부라고 단언할 수는 없지만, 그 사람이 쓴 수필은 곧 그 사람의 됨됨이를 말해 주는 것 같다. 수필처럼 그 쓰는 사람을 가장 솔직히 나타내는 문학 형식이 따로 없으려니 싶다. 진실한 삶과 속마음이 글 속에서 그대로 재현될 수 있다면 얼마나 좋으랴.

고매한 인품에서 빚어진 수필 또한 향기가 난다는 말이 맞는 것 같다. 그런 작가의 기품이 잘 드러난 글이 〈보람 있는 교직 생활〉이다. 이 글에서 따스한 스승의 본보기를 찾을 수 있다. 작가는 3학년 담임했을 때의 한 제자에 관한 이야기를 흥미롭게 풀어 놓았다.

> 내가 10여 년 전에 정읍 북초등학교에서 담임했던 박형윤과 그의 어머니가 나를 찾아온 것이다. 형윤 군과 그의 어머니는 3학년 때의 담임이었던 내 덕택으로 어려운 사법시험에 합격할 수 있었다며 인사차 들렀다고 했다. 나에게 주려고 가지고 온 큰 플라스틱 바구니에는 집에서 가꾼 채소와 과일이 가득했다. 그저 담임으로서 역할을 다했을 뿐인데 이렇게 찾아주다니 고마운 마음 형언할 수 없었다.
>
> 형윤 군이 정읍시 B고교에 다니던 시절이었다. 그가 기숙사 생활을 한다는 이야기를 듣고 간식으로 수박 두 덩이를 사서 교무실로 찾아가 맡긴 적이 있었다. 그때 사감 선생님이 교무실에서 형윤이를 찾는 방송을 했더란다. 방송을 듣고 형윤이는 지금까지 부모님이 한 번도 찾아오신 적이 없던 터라

누가 오셨을까 생각하며 교무실을 찾았단다. 교무실에서 초등학교 3학년 때 담임선생님이 수박을 맡기고 가셨다는 이야기를 듣고서 너무나도 고마웠단다. 그래서 수박을 나누어 먹은 뒤, 앞으로 열심히 공부해서 선생님의 은혜에 보답해야겠다고 굳게 다짐했단다.

'수필은 작가의 인격 반영이요, 삶의 그림자다.'는 말이 있는데 이 글을 보면 정말 그 말이 맞는 것 같은 생각이 든다. 나는 이 글이 작가의 인격과 덕성이 잘 반영된 수필로 보았다.

김창임 작가는 교직 생활 중 어려운 환경에서 열심히 공부하는 제자들에게 여러 가지 방법으로 사랑을 베풀어 준 교사였다. 글 말미에서 작가는 "아이들을 가르치는 교직은 참으로 보람이 있는 직업인 것 같다. 형윤 군처럼 사회에 꼭 필요한 사람이 되어 지금까지 기억해주는 제자가 있다니 얼마나 보람된 직업인가."로 마무리하고 있다.

또한 작가는 교사로 재직 시 학급을 맡았을 때, 당당하고, 신나고, 멋지고, 져주는 어린이를 기르는 것으로 교육 방침을 세웠다고 한다. 〈당, 신, 멋, 져〉라는 수필을 보면 그녀가 성실한 자세로 얼마나 멋지게 교직 생활을 했는지 금방 알아차릴 수 있다.

그녀는 그러한 목표를 이루고자 학년 초부터 아이들이 발표를 잘하도록 지도하기로 했다. 반 어린이들에게 자기 집안 이야기나 학교 소식, 혹은 우리 고장이나 나라의 뉴스를 조사하여 알아 오도록 했다. 그리고 가능하면 육하원칙에 따라서 발표하도록 했다. 그렇게 매일매일 지도했더니 수업시간에 아이들의 발표력과 집중력이 조금씩 나아져 가고 적극적으로 참여하려고 노력했다고 밝히고 있다. 아래에 한 가지 귀감으로 삼을 만한 사례를 인용해 본다.

나 자신도 재미가 있어 특별활동 시간과 방과 후 시간을 이용하여 오카리나를 지도하는 데 푹 빠졌다. 화장실 가는 시간만 빼고는 꾸준히 오카리나를 지도하는 데에 온갖 정성을 다했다. 가르치면서 때로는 배우기도 하다 보니 참으로 하루하루가 보람을 느끼는 생활이었다. 아이들 하나하나를 일일이 검열하며 지도하니까 반 아이들 모두가 차근차근 어려운 곡을 연주할 수 있게 되었다. 그래서 학년 말에는 교무실에서 교직원 연구발표 시간에 여러 선생님과 학부모님을 모시고 당당하게 우리 반 아이들을 데려다가 〈들장미〉와 〈과수원길〉 두 곡을 연주하였다. 아이들의 연주가 끝나자 많은 선생님과 학부모들이 칭찬을 아끼지 않았다. 지난 한 해 동안의 노력이 헛된 일이 아니었다는 것을 확인한 것 같아 참으로 보람되고 흐뭇했다.

4. 감수성으로 포착한 이미지

소재의 무한한 저장고인 자연은 작가가 감수성의 촉수로 이미지를 포착하는 글감이 된다. 김창임 작가는 이런 감수성으로 〈설렘 반 걱정 반〉에서 봄을 맞는 두릅나무, 봄동, 돌산갓, 냉이, 달래, 닭, 오리, 풍산개 등 작가의 눈에 비치는 소재들을 그대로 남았다. 나아가 예민한 감수성으로 어떤 사실이나 보이는 것에 대한 경험담을 벗어나서 남다른 통찰력과 높은 식견으로 대상이 내뿜는 특별한 이미지를 포착하고 있다.

며칠 전 정읍사 공원에서 산책을 즐기고 있는데, 그 추운 겨울 한파를 이겨내고 꿋꿋이 버티고 있는 토종 갓이 눈에 띄었다. 어느 누가 심지도 돌보지도 않았을 텐데 참으로 대단한 끈질김이다. 어디서 왔을지 모를 씨앗 하나가 싹을 틔워 모진 한겨울을 이겨내기 위하여, 땅바닥에 바짝 엎드러져 있는 모습에서 참으로 생명의 신비롭고 위대함을 느끼게 했다. 그 모습이 마치 전쟁터에서 적의 총탄을 피하려고 땅에 바짝 엎드린 병사와 똑같이 보였다.

글감이 바닥났다고 불평하는 사람들이나 쓸 거리를 찾지 못해 안절부절못하는 작가들은 글감의 빈곤보다는 감수성의 무뎌짐을 탓해야 하지 않겠는가. 작가는 〈꽃동산의 친구들〉에서도 개성 있는 상상력을 깨워 예리한 감수성으로 다음과 같이 표현하고 있다.

모든 생물이 쿨쿨 잠을 자면서 꿈을 꾸고 있는 이 순간, 우리 집 꽃동산 친구들과 나만이 깨어 있다. 동산 위의 어여쁜 꽃들이 나를 바라보며 아줌마가 잠은 자지 않고 도대체 무엇을 하고 있는지 계속 주시하고 있나 보다. '아줌마 책은 그만 읽고 우리랑 재미있게 이야기 하면서 놀아요.'라고 말하는 것 같다. 꽃동산을 소재로 글을 쓰는 이 순간 꽃들이 나를 유심히 바라보는 것만 같아 소녀처럼 약간 수줍어하는 나의 모습을 발견했다. 사랑스러운 꽃들을 들여다보면 꽃 색갈이 다르고, 줄기가 다르고, 향이 다르고, 이파리가 다르다.

소통에의 꿈과 합일에의 꿈! 모든 작가는 두 가지 꿈을 영혼 속에 품고 사는 성싶다. 아마 글쓰기를 통하여 대상의 본질 세계와 소통하고 궁극적으로 대상과 완전한 합일을 소망하는 꿈일 거다. 특히 심안과 영안이 탁월한 작가들은 이름 모를 야생화나 들짐승들과 이야기를 주고받으며 하나 되는 법을 아는 것 같다. 김창임 작가의 〈너는 알 거야〉를 들여다보면 이런 경지에 이른 작가임을 알 수 있다.

> 운동기구 옆에 있는 회양목은 개구쟁이들의 놀이터가 되어, 그들에게 시달려서 그런지 가지가 끊기기도 하고, 잎이 남아있지 않은 나무가 더러 있었다. 그렇지만 생명력이 강해 억척스럽게 버텨온 것 같다. 어쩌면 나처럼 어려움을 잘 이겨낸 것 같아 동병상련의 정이 느껴졌다.
>
> '회양목아, 많이 아파서 얼마나 고생했니? 누구보다 나는 네 상황을 잘 안단다. 내가 도와줄까?' 그랬더니 회양목이 나를 바라보고 고개를 끄덕거리면서 자그마한 목소리로 도움을 청하는 것 같았다. 오늘은 시간을 내어 너를 위로해주고, 나도 네게 위로받고 싶어서 이곳에 왔단다.' 그렇게 속으로 중얼거렸더니 회양목이, '아줌마, 매우 고마워요.'라고 말하는 것 같았다. 우리, 앞으로 어려운 일이 있으면 서로 위로하며 지내자고 회양목에 내 깊은 속마음을 전하고 싶다.

5. 여울 속에서 길어 올린 그리움 언어

결코 잊히지 않을 우정에 관해 얘기하는 것은 언제나 의미 깊고 흥미로운 일이다. 작가에게는 가난했지만, 행복했던 어린 시절에 대한 그리움이 문득 밀려왔다. 어찌 보면 그리움이란 참으로 행복하고 고통스러운 것이다. 지나간 것들에 대한 그리움, 다시는 돌아올 수 없는 시간에 대한 향수일지도 모른다.

〈그리운 친구, 수연이〉는 소중한 우정을 아끼고 사랑하는 마음을 잘 표현한 수작이라고 평가하고 싶다. 저자는 중학교 시절 어느 초겨울 날 등굣길에서 논농사를 위해 물을 가두어둔 보 위를 걷다가 실족하여 물속에 빠진 일이 있었다. 지각할까 봐 발이 젖은 채 등교할 수밖에 없었다.

> 그날은 서리가 내린 초겨울 날이어서 매우 추웠다. 평소에도 나는 다른 친구들에 비하면 항상 몸이 차가웠는데 그날은 너무 고통스러웠다. 너무나 추워서 발이 얼어버린 느낌이었다. 아무런 감각을 느낄 수 없을 정도였다. 자꾸 발에만 신경이 쓰였기 때문에 수업에 집중할 수가 없었다. 그때 뒤에서 누군가가 등을 가만히 두드리면서 양말을 주는 게 아닌가. 바로 친구 수연이가 나에게 양말을 벗어 주었다. 날씨가 추워 그녀도 발이 시릴 텐데 나에게 양말을 벗어 준 것이다.

이 일을 계기로 친해지고 그 뒤 겨울방학 동안 친구 수연이 집에 가서 숙식을 함께 하며 공부했다고 한다. 서로 다른 학교로 진학하여 한동안 연락이 끊겼다가 다시 만나 돈독한 우정을 이어 가던 중 불의의 사고로 수연이가 세상을 떠났다.

시간이 지나면 잊힐 만도 하건만, 잇대어 회상한 글을 보더라도 수연이에 대한 그리움은 조금도 줄지 않았다. 쉽사리 머리에서 지워지지 않았던지, 그리움으로 일렁이는 작가의 눈빛을 상상할 수 있다.

친구야! 그곳은 사고도 없고 편안하지? 왜 그렇게 급하게 가버렸니? 너하고 오래오래 살면서 여러 가지 세상 사는 이야기를 나누고 싶은 마음 간절한데 말이야. 세상에 살다 보면 참으로 이해할 수 없는 것들이 많은 것 같다. 인성이 착하고 고운 사람들이 먼저 세상을 떠나버린다. 우리 아버지보다 어머니가 20년이나 빨리 가시고, 큰오빠, 그리고 친한 친구 수연이, 우리 동서, 전주 형님 등등 이야기를 무슨 말을 해도 내 말이 맞는다고 믿어 줄 사람들은 모두 다 떠나 가버린 느낌이다. 오늘따라 친구 수연이가 더 그리워지고 보고 싶다.

수필가라면 누구나 어머니의 사랑에 관해 쓰지 않고는 못 배길 것이다. 김창임 작가의 〈어머니! 그곳에서도 베풀며 사시겠지요?〉에서도 돌아가신 어머니에 대한 그리움이 절절히 흐르고 있다. 작가의 어머니는 종갓집 맏며느리로 시집을 오셔서 고된 삶을 사셨다고 한다. 그럼에도 여느 부모 못지않게 작가에게 많은 사랑을 주신 모양이다.

내가 사거리초등학교에 근무하던 어느 날, 수업을 열심히 하고 있는데 함박눈이 펑펑 내렸다. 그런데 그날 어머니께서 소고기 담백한 살로만 국을 맛있게 끓여서 한 냄비 가득 가져오셨다. 너무나 고맙고 감사했다. 서삼면 신평 마을에서 장성읍을 거쳐 이렇게 먼 사거리초등학교까지 버스를 두 번이나 갈아타고 오신 것이다. 그리고 그 뒤에도 밤과 감을 한 보따리씩 가져오셨다. 출가한 딸을 생각하며 찾아오신 어머니의 속정 깊은 사랑을 생각하면, 지금도 잊을 수 없다. 어머니에 대한 애틋한 그리움이 내 마음속 깊은 곳으로부터 솟구친다.

6. 진솔한 글

수필은 진솔해야 한다. 그것이 최대의 매력이기 때문이다. 솔직하면서도 구수하게, 담담하면서도 거짓 없이, 유머러스하면서도 지성적인 감각이 있어야 한다. 진솔한 삶과 내면세계가 글 속에서 재현될 수 있다면 그 이상의 바람은 없을 것이다.

예를 들어 〈아주 특별한 가족 모임〉이란 수필은 재치와 익살이 두드러진 작품이다. 나를 미소 짓게 했다. 작가가 조상께 제사를 지내고 한곳에 모여서 가족 행사를 축제처럼 치르는 대목을 만나면 한층 더 재미가 있고 유인력誘引力이 있다. 이 글을 읽어 보면 마음속에 끼었던 묵은 때도 벗겨지는 것 같다.

이어서 조부모님의 일생 중 한 장면을 약 3분 정도 콩트로 꾸며, 남편은 조모님의 의상 즉 머리에는 내가 썼던 가발을 하고, 옷은 시어머님 옷을 입고 버선을 신었으며, 나는 조부님의 언행을 흉내 내려고 그분의 의상인 갓, 짚신, 도포, 수염을 빌리고, 구매하여 시나리오에 따라 연극을 아주 실감 나게 했더니 91세 된 시어머님부터 3세인 손녀까지 온 가족들이 웃느라고 정신이 없었다. 나중에 들은 이야기인데 큰 시누이는 어찌나 웃었던지 배꼽이 다

빠져 버린 줄 알았는데 집에 가서 보니 붙어 있더란다. 사람들이 그렇게 웃은 까닭은 평소 점잖기로 소문난 남편이 갑자기 여장女裝하고서 밭을 매고 머리에 짐을 이고 가는 흉내를 내니 웃지 않을 수가 없었다고 한다.

그리고 우리 가족 중에는 평소 '남자로 태어나지 못해 한에 맺혔다.'고 하는 사람이 둘이나 있다. 그래서 지금이라도 이들의 소원을 풀어주기 위해 새빨간 고추를 끈으로 목걸이처럼 매달아 시어머님 목에 달아드리고, 나는 보랏빛 가지를 목에 달았다. 그랬더니 저쪽에 있던 남편이 미소 지으며 내 앞으로 오더니 그 가지가 배꼽 밑까지 쭉 내려오게 잡아당기었다. 나도 역시 남자로 태어나는 것이 아주 큰 소원이었다. 고추와 가지를 달고 있는 모습을 보고 잠깐 온 방안이 웃음바다가 되었다. 아직 젊은 우리 며느리와 작은 동서는 얼굴이 붉어져서 한동안은 고개를 들지 못했다. 행사가 끝난 후에 모두 개그콘서트 못지않았다고 덕담을 아끼지 않았다. 심지어 큰시누는 나에게 '개그의 여왕'이라고 별명까지 붙여주었다. 요즈음 웃음이 메말라가는 가족들에게 그렇게라도 하여 웃음을 선물하고 싶었다.

7. 닫는 말

김창임 수필가는 사물을 따뜻한 마음의 눈으로 볼 줄 아는 작가이다. 작가의 수필집에 수록된 글을 읽어 보면 거의 다 작가 내면의 온기가 조용히 파도쳐 오르고 있음을 느낄 수 있다. 책장을 덮을 즈음이면 가슴이 훈훈해지고 자신을 돌아보는 시간을 갖게 한다.

또한 섬세하면서도 다정다감한 심성을 지닌 작가다. 그래서인지 수필 전편에 따뜻한 감동의 이야기가 많다. 읽고 나면 무언가 단단하고 가슴 부듯한 느낌이 있다. 현란한 언어의 기교보다 인생에 대한 진지함이 돋보인다. 사람 냄새 그윽한 세상을 만드는 데 일조할 만한 글이 많다. 독자에게 진정한 삶의 지침서가 될 것이다.

저자가 풀어 놓은 인생 이야기는 시간이 흘러갈수록 생명을 얻어 누군지 모를 독자에게 공유되어 더욱더 아름답게 빛을 발할 것으로 예상된다. 수필이란 결국 독자의 마음에 정신적 그린벨트를 만들어주는 언어예술이 아니지 않은가. 작가의 수필이 많은 독자의 마음과 이어주는 튼튼한 고리가 되었으면 하는 마음 간절하다.

수필 문학을 함께하는 인연으로 이 글을 쓰면서 좋은 글에 사족을 붙이는 것 같아 염려스럽기만 하다. 이미 수필가의 반열에 올라 수필에 근공 정진하고 있는 만큼 문명을 떨치고 쓴 작품마다 문운이 따르기를 빈다.

김창임 수필집

들꽃 향기에 취해

인쇄 2019년 09월 30일
발행 2019년 10월 02일

지은이 김창임
발행인 서정환
펴낸곳 신아출판사
주소 전주시 완산구 공북1길 16 (태평동 251-30)
전화 (063) 275-4000 · 0484
팩스 (063) 274-3131
이메일 sina321@hanmail.net essay321@hanmail.net
출판등록 제465-1984-000004호
인쇄 · 제본 신아출판사

저작권자 ⓒ 2019, 김창임
이 책의 저작권은 저자에게 있습니다. 서면에 의한 저자의 허락없이 내용의 일부를 인용하거나 발췌하는 것을 금합니다.
COPYRIGHT ⓒ 2019, by Kim Changim
All rights reserved including the rights of reproduction in whole or in part in any form.
저자와 협의, 인지는 생략합니다.
잘못된 책은 바꿔 드립니다.

ISBN 979-11-5605-684-3 03810
값 15,000**원**

이 도서의 국립중앙도서관 출판예정도서목록(CIP)은 서지정보유통지원시스템 홈페이지(http://seoji.nl.go.kr)와 국가자료공동목록시스템(http://www.nl.go.kr/kolisnet)에서 이용하실 수 있습니다.(CIP제어번호: CIP2019038652)

Printed in KOREA